Michael Goss ist Dozent für Anglistik an der Universität von Leeds und schreibt als freier Journalist vor allem über parapsychologische Phänomene. Er ist Mitglied der Association for the Scientific Study of Anomalous Phenomena und hat eine Bibliographie über Poltergeister vorgelegt.

Dieses Buch wurde auf chlor- und säurefreiem Papier gedruckt.

Deutsche Erstausgabe Mai 1992

Titel der Originalausgabe »The Evidence of Phantom Hitch-Hikers«

Originalverlag Aquarian Press, Wellingborough
Umschlaggestaltung Adolf Bachmann, Reischach
Umschlagfoto Elmar Kohn, Landshut
Satz Compusatz, München
Druck und Bindung Elsnerdruck, Berlin
Printed in Germany
ISBN 3-426-03783-1

2 4 5 3 1

Michael Goss

Beweise: Phantomtramper

Ein parapsychologisches
Phänomen

Aus dem Englischen
von Dr. Ulrich Mihr

Knaur

Inhalt

Danksagung 7

1. Der Phantomtramper – ein weitgereister Geist 9

2. Der verschwindende Tramper – ein verbreitetes Phänomen 47

3. Ein Ausflug nach Nunney 89

4. Irrtümer und Lügen 115

5. Roy Fulton und der Phantomtramper 137

6. Der Spukhügel 153

7. Deutungen und Schlußfolgerungen 181

Anmerkungen 221

Bibliographie 235

Danksagung

Der Dank des Autors gilt folgenden Personen und Organisationen:

Für den Hintergrund des Falls von Nunney: Frau Bane (Stadtbibliothek Frome), dem Lokalhistoriker Herrn Michael McGarvie, der Polizei von Frome, Herrn Owen Hillier, Herrn Fred L'Estrange, Herrn John Bowman sowie den *Wessex Newspapers*.

Für den Hintergrund des Falls von Stanbridge: Herrn Roy Fulton, der Polizei von Dunstable, Frau Anne Cox (geborene Court) sowie Herrn Bill Stone.

Für den Hintergrund der Geschichte von Blue Bell Hill: Herrn Tom Harber, Herrn Denis Chambers, den für Rochester und Maidstone zuständigen Abteilungen des Polizeireviers von Kent, Chefinspektor Clark (Polizeihundeschule Essex), Inspektor Alan Clarke und seinem Sohn Andrew, Joan Forman, Herrn Dick Allen, der *Kent Messenger Information Unit* sowie dem Personal der Stadtbücherei Chatham.

Für übergreifendes Material und allgemeine Beratung: Herrn Theo Braun, Herrn Sam Richards, der Watson-Bibliothek der Folklore-Gesellschaft (Universität London), der *British Library Newspaper Division* (Colindale), Steve Moore und Bob Rickard (*Fortean Times*), Herrn Alan Gardiner, Herrn Paul

Screeton, Herrn Melvin Harris, Professor Alvin H. Lawson, Brian und Maggie Duffield sowie Frau Sheila Goss.
Für Material aus nichtbritischen Veröffentlichungen: Hilary Evans, Bill Zeiser (Indianapolis), Donald K. Johnston (Downey, Cal.), Herrn G.M. Gardner (Everett, Washington), Martin S. Kottmeyer (Carlyle, Illinois), Chris Holtzhausen (Pretoria, SA), Jacob Davidson (Herausgeber von *Full Moon*, Hawaii), den Herausgebern des *Fate Magazine*, D. Scott Rogo, Herrn und Frau Clay Hall, Herrn Chaw Mank, Sven Rosen für den schwedischen Bericht (J.P. Klint), A. Arnold (Schweizer Material).
Für Übersetzungen aus dem Französischen: Frau Margaret Duffield (merci!).
In memoriam: Einen verspäteten Ausdruck des Dankes an Herrn Brian C. Nisbet (gest. 1981) für jahrelange tatkräftige Beratung, Ermunterung sowie die Durchsicht einer früheren Fassung dieses Buchs.
Der Autor dankt für die Erlaubnis, aus folgenden Quellen zitieren zu dürfen:
Gerald Duckworth und Co. Ltd. für die Erlaubnis, aus Alfred Sutro *Celebrities and Simple Souls* (1933), Seite 227–229, zitieren zu dürfen. Der Folklore-Gesellschaft für die Zitate aus Andrew Langs *Death's Deeds: A Bilocated Story* in: *Folklore* XVIII Nr. 4 (31. Dezember 1907), Seite 376–390; B.T. Batsford Limited für die Zitate aus Kingsley Palmer *The Folklore of Somerset* (1976), Seite 136; Victor Gollancz Ltd. für die Zitate aus Charles Forts *Lo!* (1931), Seite 90; Hulton Educational Publications Ltd. für die Zitate aus *The Devil and the Coachman*, in: S.H. Atkins: *Ballads old and new* (1968), Seite 21–23; den Herausgebern des *Fate Magazine* für die Zitate aus Cecil de Vadas *The Phantom Hitchhiker* in der Ausgabe vom August 1968, Seite 86–90.

1

Der Phantomtramper – ein weitgereister Geist

Eines Freitagabends im Oktober 1979 bekamen die diensthabenden Beamten des Dunstabler Polizeireviers eine höchst ungewöhnliche, man könnte sogar sagen fast unglaubliche Geschichte zu hören, die ihnen der sechsundzwanzigjährige Tapezierer Roy Fulton erzählte.

Alles fing damit an, daß Fulton seine Heimfahrt von einem Dartturnier unterbrach, um einen bleichen jungen Mann mitzunehmen, der im Leuchtkegel der Autoscheinwerfer am Straßenrand auftauchte. Er stand in der typischen Tramperhaltung mit ausgestrecktem Daumen in der Nähe von Stanbridge. Die Fahrt endete ein paar Minuten später, als Fulton feststellte, daß sein merkwürdig ruhiger Mitreisender unbemerkt und auf völlig unerklärliche Weise vom Nebensitz verschwunden war, obwohl der Kleinbus mit einer Geschwindigkeit von beinahe siebzig Stundenkilometern fuhr. Dies ist der Kern der Geschichte, die Fulton noch am selben Abend in seiner Stammkneipe bei einem dringend benötigten doppelten Scotch erzählte. Der Kneipenwirt Bill Stone charakterisierte im *Sunday Express* vom 21. Oktober 1979 Fulton als »einen fixen, stürmischen und sorglosen Burschen«, der »sich niemals solche Geschichten aus den Fingern saugen würde«. Diese höchst ungewöhnliche, beinahe unglaublich scheinende Geschichte und die offensichtliche Glaubwürdigkeit ihres Erzählers veranlaßten die Polizei zu einer oberflächlichen Untersuchung des Geländes, auf dem sich der Zwischenfall zugetragen haben sollte. Die veröffentlichte Stellungnahme von Inspektor Rowland lieferte dem Reporter des *Express* eine naheliegende und einleuchtende Schlußfolgerung, nämlich daß es sich um eine erstklassige »Spukgeschichte« handle. »Die Leute erzählen uns oft ungewöhnliche Dinge«, bestätigte er, »dennoch gibt es nicht viele vergleichbare Geistergeschichten.«[1]

So richtig das Urteil des Inspektors über den Seltenheitswert der Geschichte für Dunstable auch sein mag, so trifft es kaum für den Rest von England und noch weniger weltweit zu. In der Tat ist Roy Fultons Bericht, abgesehen davon, daß ihm eine befriedigende Schlußfolgerung fehlt, die uns die Identität des Geistes erklären könnte, typisch für eine ständig wiederholte Geschichte, die weltweit wieder und wieder erzählt wird: die Geschichte vom Phantomtramper.

Das Phänomen

Der Phantomtramper besitzt alle Eigenschaften, die für jede klassische Geistergeschichte vonnöten sind. Einige unumstößliche Feststellungen sollen den in dieser Studie verfolgten Themen vorangestellt werden, um den Anspruch auf den oben erwähnten Status zu rechtfertigen. Vor allem jedoch sind die folgenden Seiten als ein Versuch zu betrachten, den Leser mit dem weitgereisten Geist bekannt zu machen. Die einzelnen Schilderungen gehen auf Berichte zurück, die zu der Zeit, in der sich Fultons Geschichte zugetragen hat, in den Zeitungen erschienen sind. Sie werden im nachfolgenden Text in ihren wesentlichen Zügen zusammengefaßt.

Sassari, Sizilien (1973): Luigi Torres fiel die sonderbare Kälte des Mädchens auf, das er auf seinem Motorrad gerade mitnahm, und lieh ihm seinen Mantel. Als die beiden an ihrem Haus ankamen, sagte er ihr, er würde den Mantel am nächsten Tag wieder abholen. Als er deswegen bei ihr anrief, mußte er zu seinem Entsetzen erfahren, daß seine Mitfahrerin bereits seit drei Jahren tot war. Am Grabe des Mädchens fand Luigi sowohl ein Foto der Anhalterin, die er am Abend vorher getroffen hatte, als auch seinen Mantel.
Greifenau, Deutschland (1975): Ein dreiundvierzigjähriger Geschäftsmann las unterwegs eine »unheimlich aussehende, schwarzgekleidete Frau« auf, die vor sich hinmurmelte, daß etwas Schreckliches geschehen werde. Als er neben sich blickte, war sie verschwunden.
Peshawar, Pakistan (1979): Der Polizist Mahmood Ali nahm auf seinem Motorrad ein hübsches, weiß gekleidetes Mädchen mit, das verschwunden war, noch bevor sie den Ort erreicht hatten, wohin es mitgenommen werden wollte. Das Foto eines zwanzigjährigen Verkehrsopfers, das der Anhalterin glich wie ein Ei dem anderen, wurde später aufgefunden.[2]
Die folgende Episode ist eine typische Trampergeschichte, die den undatierten (1968?) mündlichen Bericht eines Informanten zusammenfaßt:

> Eines Nachts gegen dreiundzwanzig Uhr sah ein Mann, der auf der Straße von Chatham nach Maidstone unterwegs war, auf dem Gipfel des Blue Bell Hill ein trampendes Mädchen im Teenageralter. Sie wollte nach Maidstone mitgenommen werden und erwähnte während der Fahrt ihre dortige Adresse. Sie sprach beinahe ununterbrochen, und der Fahrer merkte, daß sie sich in einem Zustand höchster Erregung befand, außerdem meinte sie, daß sie am nächsten Tag heiraten werde. Als

sie die Vorstadt von Maidstone erreicht hatten, brach ihre Unterhaltung ab, und der Fahrer mußte zu seinem Schrecken feststellen, daß sie auf unerklärliche Weise aus dem Auto verschwunden war. Er hatte nicht bemerkt, daß sich die Beifahrertür geöffnet hätte, zudem war er ständig mit ziemlich hoher Geschwindigkeit gefahren. Obwohl er sich nach und nach einredete, daß das Mädchen unbemerkt aus dem Auto geschlüpft sein mußte, als er im dichten Verkehr einmal langsam gefahren sei, machte er sich doch Sorgen um ihren Verbleib und fuhr weiter zu der Adresse, die das Mädchen im Laufe der Unterhaltung erwähnt hatte. Dort erzählte ihm die Mutter des Mädchens, daß X, die offensichtlich identisch mit seiner gesprächigen Mitfahrerin war, bei einem Verkehrsunfall auf dem Blue Bell Hill ums Leben gekommen war. Dieses tragische Ereignis fand am Abend vor ihrer Hochzeit statt, drei Jahre zuvor, am selben Tag und zur selben Stunde, als der Fahrer die Tramperin sah.

Wir können jetzt zu einer analytischen Betrachtung dessen fortschreiten, was Inspektor Rowland zu einer für Dunstable einzigartigen Geschichte erklärt hat. Zuerst können wir folgende Punkte als gesichert annehmen:

- Das Grundmuster der Berichte oder die Story, betrachtet man sie ausschließlich unter dem Gesichtspunkt der Konstruktion, ist stets sehr einfach. Wie in Fultons Bericht liest meist ein Fahrer ohne Begleitung einen Anhalter auf, der unterwegs aus dem fahrenden Auto verschwindet. Im Gegensatz zu der Episode von Dunstable haben die ausgefeilteren Versionen noch ein Nachspiel: der Tramper hinterläßt vor seinem Verschwinden einen Beweis, mit dem der Zeuge belegen kann, daß er in Kontakt mit einem übernatürlichen Wesen gestanden hat. Gewöhnlich geschieht das in der Form, daß der Tramper eine Adresse erwähnt, die der Zeuge aufsucht, um zu erfahren, daß der verschwundene Mitfahrer einwandfrei als jemand identifiziert werden kann, der vor einiger Zeit gestorben ist. Andere Formen des Beweises können sein, daß sich der Tramper einen Mantel oder ein ähnliches Kleidungsstück ausleiht, das der Zeuge später zurückfordert. Die Begegnungen finden meist an den Todestagen des jeweiligen Trampers statt.

● Wie oben angedeutet, kursiert diese Geschichte in beinahe jedem Land der Welt (Unterschiede entstehen auf Grund von lokal bedingten Schwankungen der Verkehrslage). Es ist keine Übertreibung zu behaupten, daß überall, wo es Straßen gibt, auch Versionen der Trampergeschichte auftauchen. Wenn einige der am dichtesten besiedelten Länder Ausnahmen zu dieser allgemeinen Regel bilden – etwa die ehemalige UdSSR, Teile Südamerikas, Neuseeland –, so rührt dies vermutlich daher, daß das entsprechende Material der Aufmerksamkeit der zumeist englischsprachigen Journalisten und Wissenschaftler, die die Tramperberichte sammeln und ordnen, entgangen ist, weil sie mit der Sprache und den Veröffentlichungen aus den betreffenden Ländern nicht vertraut sind.

● Noch erstaunlicher als die Allgegenwart des Phantomtrampers ist sein Alter. Einen scharfen Gegensatz zu der offensichtlichen Modernität heutiger Versionen der Erzählung (so spielt zum Beispiel das motorisierte Fahrzeug als Medium für die Begegnung eine zentrale Rolle) bilden eine Menge von Zeugnissen, die beweisen, daß diese heutigen Versionen der Geschichte lediglich aktualisierte Fassungen eines wesentlich älteren Motivs sind. Immer wird die Regel eingehalten, nach der der übernatürliche Reisegefährte das für seine Zeit jeweils typischste Fortbewegungsmittel wählt, sei es ein Pferd, eine Kutsche oder, wie in Roy Fultons Fall, einen Kleinbus. Es ist abzusehen, daß der Tramper auch weiterhin so verfahren wird, selbst dann, wenn das Auto durch etwas anderes verdrängt wird.

Ständige Wiederholungen der wesentlichen Aspekte führen zu einem rapiden Popularitätsverlust der Trampererzählung. Es ist jedoch kaum anzunehmen, daß sie deshalb etwa in Gefahr ist, die Aufmerksamkeit der Zuhörerschaft zu verlieren. Offensichtlich besitzt diese Geschichte besondere Reize, durch die jede Erzählung wieder neu, einzigartig und erstaunlich anders erscheint. Zum Teil könnte das an den folgenden Tatsachen liegen:

- Trotz des stereotypen Grundmotivs des Phänomens liefert der Phantomtramper eine sehr anpassungsfähige Geistergeschichte. Sie ermöglicht Ausschmückungen mit individuellen Details, die jeweils zur oben erwähnten Aktualisierung der Geschichte beitragen, oder sie weist Einzelheiten auf, die der Erzähler je nach seinen Bedürfnissen einfügt, die den Erwartungen der Zuhörer entsprechen oder beider sozio-kulturellem Erbe angehören. Geringe Veränderungen sind wohlüberlegte Variationen der Erzählung innerhalb eines Rahmens, der den Zuhörern oder Lesern bekannt ist, oder betreffen Alter, Geschlecht, Erscheinung des Trampers, die Art des Fahrzeugs usw. Durch thematische Neuerungen kann die Geschichte einen Zuwachs an Dramatik erfahren.

- Volkskundler unterscheiden wenigstens vier unterschiedliche Ausführungen des Grundmotivs. Die vorausgehenden

Zusammenfassungen enthalten drei dieser Variationen: zum einen begegnen wir dem herkömmlichen Geist, der seine Adresse hinterläßt (z. B. Blue Bell Hill); dann einem Geist, der eine Art Prophezeiung ausspricht (Greifenau), und schließlich einem Geist, der sich ein Kleidungsstück borgt, das später als Beweisstück angesehen wird (Sassari). Nun fehlt nur noch die vierte Möglichkeit, daß der Tramper als Göttin oder Schutzgeist erscheint. Dies führt uns zu folgender Vermutung:

- Die Identität des Trampers kann sich je nach dem herrschenden Glauben oder der Weltanschauung einer bestimmten Gesellschaft verändern sowie auch nach einem begrenzten Bereich innerhalb einer Gesellschaft, in den die Geschichte eingebettet ist.

Der Tramper wird meist als bemitleidenswerter, aber gütiger Geist betrachtet (was in seinem Namen *Phantom*tramper zum Ausdruck kommt): als der Geist eines verstorbenen Menschen, der häufig Opfer eines tragischen Verkehrsunfalls gewesen ist. Das erklärt jedoch nur schwerlich seine Beweglichkeit. Kulturelle Rahmenbedingungen – die Art und Weise, in der ein Phänomen nach übereinstimmenden Denkmustern interpretiert wird – ermöglichen es dem Tramper, gemäß den jeweiligen Umständen, sowohl Botschaften der Erleuchtung als auch der Verdammung auszusprechen. So steht er ebenso für den engelhaften Propheten der Mormonen und Katholiken in den USA wie für den Vampir in Malaysia, für eine Eingeborenengottheit auf Hawaii und schließlich für eine Art christlichen Boten der Apokalypse in Ländern wie Südschweden und Norditalien.
Bis jetzt haben wir den Phantomtramper als einen durch und durch fiktiven Geist betrachtet: als eine Erscheinung, die ein

wahres, wirkliches Ereignis nur vortäuscht. Insofern stimmt sie mit der herkömmlichen literarischen Form der »echten« phantastischen Erzählung überein, wenn der Erzähler versucht, die Zweifel an seiner Glaubwürdigkeit *vorübergehend* zu beseitigen, indem er unter dem Vorwand der selbsterlebten, persönlichen Erfahrung oder dem Erlebnis eines absolut glaubwürdigen Dritten in aller Ausführlichkeit von einer Sache berichtet, die über den Grenzen des Möglichen liegt. Diese Bestätigung soll der Glaubwürdigkeit seiner Geschichte dienen, denn die Konvention verlangt von uns, daß wir einen Erzähler, der ständig behauptet, etwas Unmögliches erlebt zu haben, nicht anzweifeln. Ebensowenig können wir eine Geschichte nur deshalb ablehnen, weil der Freund eines Freundes des Erzählers, dem die Geschichte angeblich passiert ist, gerade nicht zur Stelle ist. Kurz und gut, die Geschichte ist eine Anekdote, und der »Beweis« (die Glaubwürdigkeit des Erzählers) kann nicht wissenschaftlich geliefert werden.

Eine eingehende Überprüfung des Materials unter volkskundlichen und volkstümlichen Gesichtspunkten erscheint schon gerechtfertigt, wenn man die bloße Masse der Phantomtrampergeschichten betrachtet – die hundert Beispiele, die in diesem Buch aufgegriffen werden, geben bei weitem noch kein vollständiges Bild ab. Ein weiterer Punkt liegt darin, daß die Tatsachengrundlage der Geschichte nicht nur auf diesen schnell erzählten, leichtverdaulichen Beweisen beruht. Wenn wir bei rein fiktionalen Geistergeschichten an den Punkt des »persönlich Erlebten« kommen, haben wir kaum Schwierigkeiten, darin einen erzählerischen Kunstgriff zu erkennen. Fragen tauchen erst auf, sobald etwas Ähnliches in einem Medium erscheint, das nicht als fiktional, sondern als objektiv gilt: in der Zeitung.

Wie bereits erwähnt, fand der Tramper in den siebziger

Jahren weltweit das besondere Interesse der Presse. Diese Entwicklung gipfelte schließlich in den Berichten des *Sunday Express* über die Fulton-Episode und einige Wochen später über das hübsche Mädchen in Weiß, das den jungen Polizisten bei Peshawar in Pakistan in Verwirrung brachte. Um die Aufmerksamkeit der Öffentlichkeit zu erregen, erschienen diese Artikel als Sensationsmeldungen aufgemacht, wie es sich für Boulevardzeitungen gehört. Genauso veröffentlichte die bekannte Illustrierte *Weekend* die Geschichte von Mister Cedric Davidson-Acre als die wahre Geschichte eines Lesers. Davidson-Acre traf auf der Straße, die zur Jambataan-Merdeka-Brücke über den Fluß Kedah und durch einen dichten Wald führt, eine attraktive malaysische Tramperin.[3] Sie nahm die angebotene Mitfahrgelegenheit lächelnd an – der Erzähler fand ihr Schweigen keineswegs sonderbar, da malaysische Frauen für gewöhnlich schüchtern sind. Sie setzte sich auf den Rücksitz des Wagens, verschwand kurz darauf und hinterließ einen starken Duft von Frangulablüten.

Davidson-Acre erfuhr später, daß er nicht der erste war, der diese geheimnisvolle Frau von der »Freiheitsbrücke« mitgenommen hat.

Die Tatsache, daß man diese Berichte zwischen all den Nachrichten, wie zum Beispiel Kriegen, Streiks, Handelsbilanzen, und anderen glaubwürdigen Artikeln findet, könnte den Leser dazu bringen, sie als Berichte über seltsame, aber dennoch wahre Vorfälle aufzufassen. Betrachten wir diese Berichte als völlig überzogene Falschmeldungen oder als übertriebene Darstellungen, die lediglich aus Gründen der Sensation und der Abwechslung eingefügt wurden, so können wir daraus nur folgern, daß die Zeitungen manchmal ihren vielgerühmten Blick für die »Tatsachen« verlieren und Material veröffentlichen, von dem sie glauben oder wissen, daß es dem Reich der Phantasie angehört. Dies ist eine ernste

Behauptung, auf die wir zurückkommen müssen. Wir können immerhin festhalten, daß diese Berichte in den Medien erscheinen, um uns zu versichern, daß der Phantomtramper ein Phänomen ist, das seine Existenz ständig weltweit beweist. Im Gegensatz dazu steht allerdings die Notwendigkeit, daß die scheinbar zuverlässigsten Wahrheitszeugnisse von Erzählern, deren Worte uns unbedingt überzeugen würden, wenn sie sich nicht auf paranormale Phänomene bezögen, hier mit besonderer Vorsicht behandelt werden müssen. Der Dramatiker Alfred Sutro, dessen Übersetzungen das Werk Maeterlincks dem englischen Publikum vorstellten, hätte sicher gern die Geschichten von Fulton und Davidson-Acre verglichen. In seinen Erinnerungen, die unter dem Titel *Berühmtheiten und einfache Seelen* wenige Tage nach seinem Tod am 11. September 1933 erschienen sind, berichtet Sutro von seiner »einzigartigen psychischen Erfahrung, sehr mysteriös und verwirrend. Ein gruseliges Gefühl beschleicht mich, wenn ich davon erzähle.«[4] Als er einmal auf einer einsamen Landstraße dahinfuhr, die an einem Fluß entlangführte, der halb von Bäumen verborgen war, hörte er die Klagelaute eines Kindes. Obwohl sein Chauffeur nichts hörte (der Mann »war halb taub, zudem ein ziemlich mürrischer und schlecht gearteter Bursche«), kletterte Sutro ans Flußufer hinunter, wo er ein »hübsches kleines Mädchen« entdeckte, das vielleicht »drei oder vier Jahre alt war, heulte und schluchzte«. Das Kind ließ sich nicht trösten, wehrte sich aber nicht, als Sutro es mit zum Wagen nahm. Es war tropfnaß, »offensichtlich war es ins Wasser gefallen«. Sutro konnte sich nicht vorstellen, was das Mädchen an einem so trostlosen Ort verloren hatte. Es hörte auch nicht auf zu weinen, um darüber zu reden. Als der besorgte Mann geradeaus zeigte, in der Hoffnung, so herauszufinden, wo die Kleine lebte, bejahte das Mädchen mit einem Nicken.

Nach einer kurzen Strecke zeigte das Mädchen auf ein Tor und die Zufahrt zu einem »ziemlich großen Haus«. Sutro fährt fort:

»Ich stieg aus und ging ein paar Schritte. Die Tür flog auf, ein Mann und eine Frau eilten auf mich zu. ›Wissen Sie etwas über das Kind?‹ – ›Es sitzt im Wagen‹, sagte ich. Die beiden rannten an mir vorbei, ich folgte ihnen nach. Da standen sie neben dem Auto – aber es war leer. Das Kind war weg. ›Wo ist das Mädchen?‹ schrie ich den Chauffeur an. ›Das Mädchen?‹ fragte er und starrte mich an. Ich verfluchte diesen Idioten. ›Das Kind, das Kind, das ich mit ins Auto gebracht habe!‹ – ›Sie haben kein Kind mit zum Auto gebracht‹, sagte er und sah mich an, als ob ich verrückt wäre.«

Als er zum Flußufer zurückfuhr, wo er das unglückliche Mädchen entdeckt hatte, fand der Schriftsteller die Leiche, die im knietiefen Wasser lag. Er hatte kein menschliches Wesen, sondern einen Geist mit zum Wagen gebracht. Obwohl das Mädchen von Sutro nicht auf die herkömmliche Weise getrampt ist, so gehört es doch in die Kategorie der Phantomtramper.[5]

Als Geschichte ist Sutros Seelenabenteuer höher einzustufen als die Berichte von Roy Fulton und Cedric Davidson-Acre. Ihre Erzählungen sind verwirrende, unerklärte Bruchstücke, die unbestimmte Wesen beschreiben, die kurz erscheinen und dann verschwinden. Die Erzählung des Schriftstellers hingegen hat einen Schluß, der den Charakter des verschwindenden Mitfahrers erklärt – die späteren Ereignisse beweisen, daß es sich um den Geist einer Verstorbenen handelte. Trotzdem hätten ihm die Berichte über die

Alfred Sutro (1863–1933). Diese Karikatur verdeutlicht den kauzigen Humor des Schriftstellers, der eine »wahre« Geistergeschichte erfand, die – wie er selbst erklärte – viele Zuhörer fand.
(National Portrait Gallery, London)

Phantomtramper sicherlich eine gewisse Genugtuung bereitet, denn er schreibt zum Schluß:
Ich habe diese Geschichte oft Leuten erzählt, die sich mit seelischen Phänomenen beschäftigen, und habe es mit Okkultem vermischt. Man hat mir viele verschiedene Erklärungsmöglichkeiten angeboten. Ich war jedoch der einzige, der eine richtige Erklärung dafür liefern konnte – sie lautet, daß die Sache niemals geschehen ist. Es handelt sich um meine eigene Erfindung, wie der weiße Ritter sagte.[6]

Offen gesagt, Sutro hat sich einfach eine Geschichte ausgedacht, an der rein gar nichts wahr ist. Es steht dabei nicht zur Diskussion, warum er gerade dieses spezielle Thema für seine »seelischen« Improvisationen ausgewählt hat. Der Grundwiderspruch in der ganzen Angelegenheit ist der, daß die Zeitungsberichte über verschwindende Tramper als Tatsachenberichte über Sachen abgefaßt sind, die »wirklich passiert« sind. Der Phantomtramper aber ist durch und durch Volkssage, oder weniger höflich formuliert: Fiktion.

Zur Glaubwürdigkeit des Phantomtrampers

Sind all diese Geschichten wahr oder nicht? Normalerweise unterscheiden wir Tatsachenberichte (z.B. Vorfälle, über die unsere Zeitungen berichten) und fiktionale Geschichten (z.B. Märchen aus *Tausendundeiner Nacht*, um nur einen beliebigen Titel zu nennen). Der Phantomtramper scheint in beide oder eine von beiden Kategorien zu gehören: seine Geschichte ist angeblich wahr, aber vermutlich falsch.
Wenn man die tatsächliche Wahrheit und auch die angebliche Wahrheitsnähe einmal beiseite läßt, dann zeigen die genannten und andere zeitgenössischen Berichte die wichtigsten Elemente des Trampermotivs. In jeder Geschichte verschwindet ein angeblich wirklich existierender Tramper unter Bedingungen aus einem fahrenden Wagen, die darauf schließen lassen, daß es sich um eine Erscheinung handelt – vielleicht um den Geist eines Verstorbenen oder ein Wesen anderer übernatürlicher Herkunft (einen Engel, Dämonen, eine Fee)? Außerdem muß man Unterschiede in nebensächlicheren Einzelheiten festhalten. Die Fälle von Sassari und Peshawar zeigen eine bekannte Variante: beidemal steigt der

Tramper auf den Soziussitz eines Motorrades, anstatt sich auf den Beifahrersitz eines Autos zu setzen, und, was noch wichtiger ist, es entspinnt sich eine intelligente und detaillierte Unterhaltung zwischen dem Tramper und dem Zeugen. Dieses Charakteristikum ist ausschlaggebend für die Zuordnung zur »klassischen« Trampergeschichte, denn die Unterhaltung liefert einen lebendigen Beweis für die außerweltliche Natur des Vorfalls.

Es lassen sich zudem noch andere Varianten unterscheiden. Der Tramper kann als Mann oder Frau erscheinen, nimmt aber häufig das dem Fahrer entgegengesetzte Geschlecht an. Eine Tatsache, die das Interesse eines psychoanalytisch orientierten Deuters okkulter Erscheinungen wecken kann. Alter und Aussehen sind von Fall zu Fall verschieden: eine alte, schwarzgekleidete Frau, ein junges Mädchen ganz in Weiß, ein Mann in den Zwanzigern, ein dreißig- bis vierzigjähriges männliches Wesen in karierter Jacke und so weiter. Die Zeugen sind entweder allein oder in Begleitung – zu zweit, zu dritt oder zu viert im Wagen. Außer diesen individuellen Ausschmückungen zeigen die Erzählungen in ihren Grundlinien keine großen Unterschiede. Ähnlichkeiten bestehen in den Reaktionen der Fahrer (große Ungläubigkeit, Entsetzen, Bedürfnis nach Alkohol) sowie der Reaktion der Polizei, die im allgemeinen solche Sachen ernst nimmt. Ein Grund dafür liegt in Behauptungen anderer Autofahrer, die gleiche oder ähnliche Erlebnisse an demselben Ort gehabt haben wollen. Ein weiterer Gesichtspunkt ist die weitverbreitete Annahme, daß der Tramper ein Geist ist, der an den Ort gebunden ist, an dem sein physisches Leben endete. Faßt man diese Aspekte zusammen, dann zeigt sich, daß die individuellen Abweichungen keineswegs die offensichtliche Tatsache verschleiern, daß es sich im Grunde immer um ein und dieselbe Geschichte handelt.

Neben diesen thematischen Übereinstimmungen haben wir Unterschiede gefunden. Der bemerkenswerteste Unterschied bezieht sich auf den Schluß der Geschichten. Die Mehrzahl der Geschichten sind wie die von Alfred Sutro künstlerisch aufgebaut und auf eine Pointe zugespitzt. Sie lassen den Leser nicht im Zweifel darüber, daß der Tramper eine Art »wandelnder Geist« ist. Eine Handvoll der Geschichten enden jedoch mit der unbestimmten Identität des verschwindenden Mitfahrers – alles, was wir dazu sagen dürfen, ist, daß er oder sie keine menschlichen Wesen sein können, denn Menschen können nicht von Autositzen verschwinden. Sutros Geschichte geht davon aus, daß der Tramper ein Geist war; die Erzählungen von Davidson-Acre und Fulton machen kurz vor dieser Annahme halt und fordern uns auf, selbst eine entsprechende Erklärung zu finden.

In allen Fällen wird der Tramper als tatsächliche Erscheinung geschildert, entweder direkt vom Erzähler selbst oder durch die Tatsache, daß der Bericht in einem Medium erscheint, das sich auf tatsächliche Begebenheiten bezieht (z.B.: Zeitungen und Bücher über tatsächliche übernatürliche Vorfälle). Sutros Bekenntnis hat eine desillusionierende Wirkung. Er überlistet seine Leser nicht nur dadurch, daß er eine Geschichte erfindet, sondern auch durch seine Rolle des durchaus glaubwürdigen Erzählers. Mehr noch, er erweckt den Argwohn, daß ähnliche »wahre« Geschichten ebenfalls Lügengeschichten sind, selbst wenn sie in der Boulevardpresse als Tatsachenberichte erscheinen.

Parapsychologen haben keine andere Wahl, als dieser Zweideutigkeit ins Auge zu sehen. Es ist eine Sache, sich eine Geistergeschichte anzuhören und sie bei einem guten Glas Wein zu genießen; eine ganz andere Sache ist es aber, den Anspruch zu erheben, es handele sich um einen wahren Bericht von einem paranormalen Phänomen. Natürlich müssen Parapsychologen objektive, wissenschaftliche Methoden anwenden. Welche Kriterien können aufgeführt werden, um die Glaubhaftigkeit des Phantomtrampers aufzuwerten, und zwar außerhalb des Bereichs der Volkssage, in dem er normalerweise angetroffen wird?

Zu Beginn muß sicherlich folgender Zusammenhang untersucht und verstanden werden: man sollte den Geist zuerst als ein Erbe des Volksmythos sehen. Wenn wir die Charakteristiken und Überlieferungen des Motivs durchmustern, das bereits verschiedene Autoritäten der Volkskunde analysiert haben, sind wir in der Lage, festzustellen, inwieweit jeder Zeitungsbericht mit der gesamten Materialmenge, die die Wissenschaftler als »fiktive Tatsachenberichte« klassifizieren, übereinstimmt oder davon abweicht. Wir sollten gleichzeitig in Erwägung ziehen, daß Geistergeschichten mit einem offenen Ende nicht zu der verbreiteten Form der Volkserzählungen gehören, wobei psychische Forschungen kaum etwas anderes herausstellen.

In der Volkssage wimmelt es von Erzählungen unbekannten Ursprungs, in denen der Zeuge nur durch die Art seiner Beschäftigung näher bestimmt ist (er ist z. B. »ein Arzt«), oder er steht in persönlicher Beziehung zu dem Erzähler (»er ist der Freund eines Freundes«). Häufig sind diese Beziehungen jedoch noch lockerer (»ein Mann, der spät nachts nach Hause fährt«). Können wir diese Tatsache untermauern, indem wir einen namentlich genannten Zeugen mit ins Spiel bringen – zu dem wir in Kontakt treten und ihn befragen können? Sollte dies der Fall sein (und vorausgesetzt, der Zeuge wetteifert nicht mit Alfred Sutro und überrascht uns mit einem verspäteten Bekenntnis), wie können wir dann seiner Geschichte Gestalt geben? In den meisten Geschichten von Phantomtrampern ist der Zeuge ein einzelner Fahrer; durch seine Darstellung der Ereignisse kann er keinen objektiven Beweis liefern. Das heißt, jemand, der Nachforschungen anstellt, kann sich nicht nur damit begnügen, die Glaubwürdigkeit des Zeugen festzustellen. Selbst wenn sich zeigt, daß der Zeuge keinen baren Unsinn erzählt, können wir nicht sicher sein, daß das Ergebnis zu der ursprünglichen Darstellung paßt.

Im vierten Kapitel werden einige der Kriterien näher erläutert, mit denen die Untersuchung die Probleme angeht, die sich stellen, wenn man die Glaubwürdigkeit der Geistergeschichten untersucht, die erzählt werden, als ob es sich um Tatsachen handle. Man muß einige der natürlichen Erklärungsgründe wie zum Beispiel Täuschung, Illusion, falsche Identifikation und schlechte Beobachtung mit einbeziehen, wenn man diese Vorfälle als übernatürliche Geschehnisse deuten will. Zu oft jedoch wird dieser Vorgang schon am Anfang fehlgeleitet. Die Zeugen der Phantomtramper sind meist anonym. Selbst wenn eine Zeitung ihre Aufgabe erfüllt und die Person, die die Geschichte erzählt, beim Namen nennt, kommt es in den meisten Fällen nicht dazu, daß ein Forscher diesen Zeugen befragen kann. So müssen wir einen anderen Weg der Untersuchung einschlagen.

Die Geschichten belegen, daß die Zeugen derartig aufgeregt sind, daß sie mit ihren Abenteuern die Aufmerksamkeit der maßgeblichen Stellen erregen, zum Beispiel der Polizei. Diese Behörden reagieren immerhin so, daß man annehmen kann, sie halten eine Verfolgung der Berichte für angebracht. Die Volkskunde gibt zu bedenken, daß das Eingreifen der Polizei in Geschichten von Phantomtrampern lediglich als zusätzliches, scheinbar bestärkendes erzählerisches Element eingeflochten wird – ein Element, das die Glaubwürdigkeit einer unglaublichen Erzählung steigern soll. Wenn man glaubt, daß die Polizei die Angelegenheit ernst genommen hat, dann glaubt man auch eher an die Ernsthaftigkeit der Geschichte.

Kann man, wenn man mit Zeitungsmaterial arbeitet, den Beweis erbringen, daß diese Elemente, der offizielle Bericht und die Stellungnahme der Polizei, tatsächlich Fakten sind, die der Wirklichkeit so entsprechen, wie sie beschrieben werden? In solch einem Fall dürfte man annehmen, daß die Geschichte ein gewisses Maß an Gültigkeit besitzt: Könnten Leute mit irgendwelchen zusammengesponnenen Geistergeschichten an die Öffentlichkeit treten, wenn sie nicht ernstlich an das glauben würden, was sie erzählen? Würde die Polizei eine Sache bis zu dem Punkt verfolgen, an dem sie zugeben muß, daß es sich um eine Täuschung gehandelt hat, wenn sie nicht zumindest am Anfang von der Glaubwürdigkeit des Berichts überzeugt gewesen wäre?

Dieses Buch möchte darlegen, daß es durchaus Fälle gab, in denen mit Namen genannte Zeugen vorkamen. Sie wurden oft von Forschern befragt, die aber keinen Beweis dafür fanden, daß es sich um ausgedachte Geschichten handelte. Bestätigung findet man auch bei Vorfällen, die von offizieller Seite aus berichtet und verfolgt wurden. Was nun folgt, ist ein Vorgeschmack auf die Probleme und Schlußfolgerungen, die sich vor und nach einem kritischen Überblick über Presseberichte aus der jüngeren Vergangenheit zu diesem weitverbreiteten Phänomen ergeben.

Von der Einordnung zur Kritik

Der Phantomtramper ist ein »Straßengeist«, das heißt, er gehört zu jener großen Zahl von Geistern, die sich auf offener Straße zeigen. Im Grunde müßte man den Tramper von anderen Phantomen unterscheiden, von anderen Erscheinungen, die eine Transportmöglichkeit suchen, wie zum Beispiel solchen, die ganz überraschend und ohne Einladung im Fond eines Wagens auftauchen, etwa die »alte Dame«, die ein Taxifahrer in Kendal im Jahre 1974 gesehen hat.[7] Leider sind solche feinen Unterscheidungen nicht immer möglich. Obwohl er sich theoretisch klar und deutlich definieren läßt, wird der Phantomtramper praktisch meist in Verbindung mit einem oder mehreren verschiedenen Straßengeistern angetroffen.

So gibt es zum Beispiel weitverbreitete Geschichten von Erscheinungen, die sich plötzlich in den Verkehr stürzen oder aus dem Nichts vor einem Wagen auftauchen und dem Fahrer keine Gelegenheit zum Ausweichen lassen. Der Autofahrer muß dann annehmen, er hätte es mit einem Fußgänger aus Fleisch und Blut zu tun, den er gerade überfährt. Die Folgen eines solchen scheinbaren Selbstmordes sind immer dieselben: der Fahrer hält in höchstem Schrecken an, um nach der Leiche zu sehen, und ist noch weitaus erschrockener, wenn er keine Spur von ihr findet.

Es besteht ein Riesenunterschied zwischen diesen gespenstischen unvorsichtigen Fußgängern und den Trampern, die aus fahrenden Autos verschwinden. Es passiert jedoch nicht selten, daß sich in einem Zyklus von Straßengeistergeschichten beide Motive befinden. Einer der bemerkenswertesten Vorfälle, der im Zusammenhang mit dem am Blue Bell Hill in Kent herumgeisternden Mädchen berichtet wird, paßt nicht zu den herkömmlichen Trampervorlieben, es sei denn, das Mädchen ist identisch mit jenem Kind, das im Jahre 1974 von dem Maurer Maurice Goodenaugh überfahren wurde. Diese Episode werden wir in einem späteren Kapitel genauer betrachten; in diesem Zusammenhang sei nur soviel gesagt: in dem Zeitraum, in dem Goodenaugh das blutende Kind in eine Decke wickelte und auf die Ankunft der Polizei wartete, verschwand der verletzte Körper wie von selbst vom Schau-

platz. Er hinterließ keinerlei Blutspuren und zu wenig Geruchsstoffe, als daß ein Spürhund die Fährte hätte aufnehmen können.
Der Polizeieinsatz mit Spürhunden und allem, was dazu gehört, zeigt, daß der Phantomtramper nicht nur als eine Märchengestalt betrachtet wird. Allein die Tatsache, daß offizielle Stellen mit einbezogen werden, macht deutlich, daß einige Leute an die Existenz des Trampers glauben. Roy Fulton nahm ebenso wie etwas früher Maurice Goodenaugh die Mühen auf sich, die Polizei über ein Erlebnis zu informieren, das vom Standpunkt des gesunden Menschenverstandes aus betrachtet gar nicht hätte stattfinden können. Und er hat auch nicht behauptet, daß in seinem Fall der gesunde Menschenverstand zuständig sei. Vielleicht hat er nicht zu Unrecht Sir William Crookes zitiert. Der Kritik an seinen Experimenten mit dem Medium D. D. Home entgegnete Crookes: »Ich habe nie behauptet, daß es möglich ist, ich habe nur gesagt, daß es wahr ist.«[8]
Ein solcher Satz stammt entweder von einem völlig ausgekochten Betrüger oder von jemandem, der völlig überzeugt ist von dem, was er sagt, ungeachtet aller »normalen Erklärungen« seiner Erlebnisse, die später Experten abgeben werden. Daran dachte wohl auch Inspektor Rowland aus Dunstable, als er sagte, die Polizei »erfährt seltsame Dinge von den Leuten«. Oft genug stellt das die Glaubwürdigkeit der Beamten in Frage. Ebensooft nimmt man auch an, daß derjenige, der eine solche Geschichte erzählt, geistig nicht auf der Höhe ist (daß es sich um einen Verrückten handelt). Der »Verrückte« entpuppt sich meist als recht harmloser, wenn auch unausgeglichener Sensationslustiger, der versucht, sich innerhalb der Grenzen der Rationalität zu bewegen. Roy Fulton und Maurice Goodenaugh machten auf die Behörden keineswegs einen verrückten Eindruck: ihren Absichten nach

Zwei sanft ansteigende Hügel in Südengland teilen sich den Ruf, von einem Spuk heimgesucht zu werden: Blue Bell Hill (Photo oben), Kent, und Gibbet Hill (Photo unten) an der Straße von Frome nach Nunney in Somerset.

(Photographien vom Autor)

waren sie durchschnittliche, unbescholtene Leute, die glaubten, in ein seltsames, aber dennoch wirkliches Geschehen verwickelt zu sein.

Als B. Dupie eine Phantomtrampergeschichte für das französische Magazin *Lumieres dans la nuit* zusammenstellte, machte er die Beobachtung, daß eine schnelle, unmittelbare Berichterstattung die Glaubwürdigkeit einer Geschichte erhöht.[9] Am 20. März 1981, kurz vor Mitternacht, trampte eine Frau mittleren Alters, bekleidet mit einer weißen Pellerine und einem großen Schal, auf der Brücke der »vier Kanäle«, am Rande der Ortschaft Palavas-les-Flots, einem kleinen Seebad in der Nähe von Montpellier. Als sie einstieg, mußten sich die vier Insassen des roten zweitürigen Renault 4 umsetzen: schließlich saß sie zwischen zwei Mädchen im Fond des Wagens. Ungefähr 200 Meter vor Pont Vert übertönte die Tramperin die Musik des Kassettenradios mit dem Schrei: »Denkt an die Kurve. Ihr riskiert euer Leben!« Der Wagen verlangsamte die Geschwindigkeit, die Kurve wurde sicher genommen, und die Reisenden stellten plötzlich fest, daß ihre Zahl wieder von fünf auf vier geschrumpft war. Die Frau in Weiß war verschwunden.

Das Quartett ging geradewegs zur Polizeihauptwache nach Montpellier, wo ihnen Inspektor Lopez taktvoll mitteilte, daß man die Angelegenheit noch bereinigen könnte, wenn es sich um einen Scherz handle, das heißt, daß der Sache keine Strafanzeige folgen werde. Später jedoch teilte er Journalisten mit: »Ihr Schrecken war echt, und die Leute waren ehrlich. Die Angelegenheit machte uns Sorgen.« Während einer fruchtlosen Untersuchung des Vorfalls gaben Polizei und Zeugen wiederholt Stellungnahmen zum Tatvorgang ab, die im Handlungsverlauf völlig übereinstimmten.

Die Trampergeschichte von Montpellier muß im Zusammenhang gesehen werden. Im Zeitraum von fünf Jahren kursierte in Spanien und Frankreich eine Anzahl ähnlich lautender Geschichten. In den meisten dieser Geschichten warnte die Tramperin die Fahrer vor Kurven, in denen sich schwere Unfälle ereignet hatten (manchmal setzte sie auch noch die geheimnisvollen Worte »ich weiß alles darüber« hinzu). Sie verschwand stets, wenn der Wagen sicher aus der Gefahrenzone heraus war. Diese warnenden Auto fahrenden Geister boten den angestellten Untersuchungen eine wenig tröstliche Sachlage: in allen Fällen waren die Zeugen unbekannt oder hatten die Gegend bereits wieder verlassen. Einmal (in Sanlucar la Mayor, Sevilla, im September 1977) stellte sich die ganze Geschichte sogar als reine Fabel heraus, was den Autor damals zu der bissigen Bemerkung veranlaßte, daß »in Frankreich und Spanien fleißig an einem Lügenteppich gewebt werde.«[10]

Bei dem Vorfall in Palavas-les-Flots gibt es jedoch vier Zeugen (obwohl sie nur mit dem Vornamen erwähnt werden), die einen Polizeibeamten von ihrer Ernsthaftigkeit überzeugt haben, einen Beamten, der offensichtlich zuerst glaubte, es handle sich um einen Scherz, und ihnen die Möglichkeit geben wollte, sich heil aus der Affäre zu ziehen. In der Schlußuntersuchung wird erwogen, ob die vier wohl nur das übliche Ratespiel weitertreiben wollten und dafür die Geschichten, die gerade im Umlauf waren, als Vorlage benutzten oder aber ob sie selbst ernsthaft an ihr Trampererlebnis glaubten...

Man bewegt sich immer am Rande der Frage, ob all diese Zeugen ehrgeizige Lügner oder ehrliche Leute sind – nur verblendet, aber ehrlich. Richten wir nun unsere Aufmerksamkeit auf ein kleines Fleckchen in Somerset, wo die örtliche Polizei offensichtlich aufrichtige und glaubhafte Berichte von höchst beunruhigten motorisierten Opfern des Phantomtrampers erhalten hat. Im Jahre 1977 sollen die Dorfbewoh-

ner von Nunney ausgezogen sein, um einen Geist zu fangen, der die Festlichkeiten einer herannahenden Jubiläumsfeier aufs Spiel setzte. Dieser Geist stellte ein ziemliches Sicherheitsrisiko dar. Ein Mann behauptete, daß der Anblick der Gestalt, gerade an der Stelle der Straße, von wo aus er sie kurze Zeit zuvor völlig ahnungslos in seinem Auto mitgenommen habe (nur damit sie in der bekannten Weise verschwand), daß dieser Anblick ihn so verwirrt hätte, daß er sein Auto gegen einen Lichtmast fuhr. Als die Leute begannen, Nunney zu meiden – eine Hauptverkehrsstraße führt vom Dorf aus nach Frome, das drei Meilen entfernt liegt –, und es den Anschein hatte, daß nicht einmal die Jubiläumsfeier Besucher anlocken konnte, beschloß eine Gruppe von Einwohnern unter der Führung eines Baufirmenleiters, dem unwillkommenen Geist das Handwerk zu legen.
Zeitungsberichte, wie sie diese Herausforderung in Angriff nahmen, muten wie beabsichtigte Komik an. Man erzählte, daß die Gruppe mitsamt einigen Mitgliedern des Gemeinderats sowie der örtlichen Verwaltung mit Geräuschdetektoren, Kassettenrekordern, Lichtmessern und einer Vorrichtung loszog, die sie »Geisterfangnetz« nannte, auf Bäume kletterte und durch Hecken kroch und sich vergeblich bemühte, den Geist zu fassen. Diese Idee, den Geist mit einem Netz zu fangen, erinnert an Charles Forts tiefsinnige Worte anläßlich einer ähnlichen Situation, die sich in Euoa ergab, als angeblich der Zoologische Garten von Melbourne eine mit einem Netz bewaffnete Person losschickte, um ein zehn Meter großes Monster zu suchen. Fort bemerkte damals: »Der Mensch mit einem Netz ist ein bemerkenswertes Wesen. Die Männer hatten nicht die leiseste Ahnung, wie sie es einsetzen könnten, liefen aber dennoch unverdrossen damit in der Gegend herum.«[11]
Das Geisternetz von Nunney war vielleicht sinnvoller als das

von Melbourne. Sicher ist jedoch, daß wer auch immer sich mit ihm auf die Jagd begibt, damit ein anomales Wesen fangen kann wie die Melbourner Tierbändiger auf ihrer Monsterjagd in Euroa. Die Ernsthaftigkeit der Wachen von Nunney bietet zweifellos immer noch gutes Material für eine Geschichte über menschliche Interessen. »Was werden Sie denn eigentlich tun, wenn der Geist auftaucht?« fragte ein Journalist. Die Antwort lautete: »Ich denke, wir müßten mit ihm diskutieren.« Es dauerte nicht lange, bis sich Spaßmacher einmischten, und ein weißes Bettuch, das jemand mit einer Golemsfratze bemalt und über der Straße aufgehängt hatte, raubte der Erscheinung gänzlich ihre Glaubwürdigkeit.[12]

Es erschienen aber immer wieder Zeitungsberichte über die Geisterpatrouille von Nunney. Die Berichte dienten sicherlich einem pseudoernsten Zweck. Die Leser wurden daran erinnert, daß ein so seltsames Verhalten von normalerweise gesunden Mitmenschen durch die Urangst vor einem Urgeist zustande kommt. In diesem Sinne nahmen die Zeitungen die nächtlichen Jagden als Beweis dafür, daß Leute in diesem Teil der Welt an den Phantomtramper glaubten, und weiterhin als ein Indiz, daß es mit dem Geist tatsächlich etwas auf sich hatte, das auf Tatsachen beruhe.

Volkskunde und tiefere Bedeutung

Es ist nicht weiter erstaunlich, daß die Wachtposten von Nunney nicht in der Lage waren, das Rätselwesen zu fangen. Es passiert recht selten, daß Geister auf ein Stichwort hin erscheinen. Mehr noch, diese Erscheinungen können kaum jemals auf eine tatsächliche Begebenheit zurückgeführt werden. Die Kluft zwischen dem scheinbar grundlosen Erscheinen und der »Tatsache«, daß solche Phantome immer eine Bedeutung, einen Grund und einen Zweck haben, ist wohl einer der ärgerlichsten Merkmale, vor dem die Parapsychologen stehen, wenn sie sich mit derlei Fällen beschäftigen. Anders gesagt: derjenige, der die Angelegenheit auf psychischer Ebene verfolgt, hat einen Geist vor sich, der einfach erscheint und verschwindet, wohingegen der Volksglaube sich einen Geist vorstellt, der aus mehr oder weniger logischen Gründen umherwandelt: es handelt sich um Geister, die eine Warnung oder eine andere für die Lebenden wichtige Botschaft hinterlassen, Wesen, die Täter unaufgeklärter Verbrechen in Schrecken versetzen, verdammte Seelen, die für ihre Missetaten büßen müssen, und so weiter.

Sutros Geistermädchen war der Geist eines auf tragische Weise ertrunkenen Kindes, der viele Gründe hatte, an dem Ort, wo das Kind gestorben war, herumzugeistern. Die Phantomtramper von Stanbridge, Nunney und anderen bereits erwähnten Orten hatten keinen zwingenden Grund, dort zu sein, wo sie waren, oder das zu tun, was sie taten. Dieser alte, in Ehren gehaltene Aberglaube fügt der unlogischen Welt der Geister ein gutes Maß an Logik hinzu. Es ist nicht verwunderlich, daß Leute, die öfter mit dem wandelnden Geist in irgendeiner Form konfrontiert werden, versuchen, dieser Erscheinung eine Bedeutung und einen Grund zuzuschreiben, anstatt ihn wie eine zufällige Begebenheit im dunkeln zu lassen. Das bekannteste Motiv der Phantomtrampererzählungen beruht weitgehend auf dieser Art »logischer« Erklärung. Wie in Sutros »eigener Erfindung« ist die Erscheinung ganz einfach ein Geist, ein ehemaliges Opfer eines tragischen und zufälligen Todes.

Dieses Motiv besitzt nicht nur eine gewisse Anziehungskraft für alle, die glauben, daß der Phantomtramper einsehbare Gründe für sein Handeln hat: oft ist dieses Motiv entscheidend für die ganze Geschichte. So ist es typisch, daß man glaubte, der Tramper von Peshawar sei der Geist eines Mädchens, das von einem Lastwagen getötet wurde, während es auf seinen Freund wartete. Die »Auferstehungs-Maria« von Chicago, so genannt nach dem Friedhof, auf dem sie beerdigt wurde, nachdem sie von einem Auto überfahren worden war, soll angeblich immer noch versuchen, nach Hause zu reisen, um eine Reise zu beenden, die sie irgendwann in den dreißiger Jahren begonnen hat.[13] Ähnliche, nicht genauer definierte Wagen sollen auch die Herkunft des Phantomtrampers auf der Straße von London nach Worthing sowie eines unaufhörlich weinenden Mädchens erklären, das angeblich von drei Ehepaaren in einer Wache in der Nähe von Southampton mitgenommen wurde.[14] Der häufige Spuk bei Blue Bell Hill wurde oft mit dem Tod von vier Mädchen im Jahre 1965 in Verbindung gebracht (es handelte sich bei den vier Mädchen um eine zukünftige Braut und ihre drei Begleiterinnen), oder man dachte an zwei Mädchen, die im Jahre 1967 bei einem Autounfall getötet worden waren.[15]

Wenn man beabsichtigt, einer Geschichte Glaubwürdigkeit zu verleihen, dann haben diese Mutmaßungen am Ende der Geschichte genau die gegenteilige Wirkung. Wenn man die Erzählungen in eine Reihe mit übernatürlichen Erscheinungen der Volkssage stellt, kommt man leicht zu der Annahme, sie gehörten der Volkssage an, das heißt der Fiktion. Ein Skeptiker ignoriert vielleicht Einzelheiten wie zum Beispiel die große Unwahrscheinlichkeit, daß eine Tramperin einem völlig fremden Menschen, der sie zufällig aufgelesen hat, ihren Namen, ihre Adresse und manchmal sogar ihre Telefonnummer mitteilt. Dabei handelt es sich, wie wir nun verstehen können, um einen erzählerischen Kunstgriff, der wichtig ist, wenn der »Zeuge« eine Identität des Phantoms mit einer bereits verstorbenen Person herstellen will. Der

Skeptiker verweist darauf, daß der historische Grund für den Spuk – der tragische Verkehrsunfall – meist auf keinem wirklichen Beweis beruht. Seine Überlegung ist die folgende: wenn es keinen tragischen Unfall gab, dann kann es auch keinen Geist geben – folglich ist der angeblich authentische Tramper eine Erfindung.
Wir haben bereits festgestellt, daß einige Berichte, wie zum Beispiel die von Roy Fulton und Cedric Davidson-Acres, jede Art von Schlußfolgerung unterlassen. Zugegeben, vom künstlerischen Standpunkt aus gesehen sind diese Erzählungen recht dürftig konstruiert. Sie erinnern an die wenig überzeugenden Berichte, die wir aus der Parapsychologie kennen, Berichte, die einer wissenschaftlichen Untersuchung unterworfen und darum für Tatsachen gehalten werden. Ein Zeichen dafür ist, daß diese Geister, die aus künstlerischen oder verhaltenspsychologischen Gründen nur kurz erscheinen und dann ohne Hinweis auf ihre Identität oder auf den Grund ihres Erscheinens wieder verschwinden, eher in den Bereich der Parapsychologie als in den der Volkssage gehören. Dieser erste Eindruck rechtfertigt eine nähere Untersuchung von Fällen wie Stanbridge und Jambataan Merdeka. Vielleicht finden wir hier überzeugende Hinweise zur Stützung dieser Annahme.

Schlußfolgerungen und Deutungen

Es gibt noch weitere Rechtfertigungen für eine tiefgreifende Untersuchung des Phantomtrampers. Der Herzkönig aus *Alice im Wunderland* drückt es in ein paar Versen folgendermaßen aus: »Es erspart uns eine Menge Sorgen, wenn es keine Bedeutung gibt, denn dann müssen wir nicht versuchen, eine

Bedeutung zu finden. Und dennoch, ich weiß nicht... mir scheint es trotz allem eine Bedeutung zu geben.«[16] Das gleiche gilt für die Trampergeschichten.

Wenn die Geschichten vom Phantomtramper lediglich eine andere Form von Geistergeschichten sind, dann können sie wie die anderen Arten dieser Gattung behandelt werden. Für die meisten von uns besitzen die Geistergeschichten keine tiefere Bedeutung: sie sind lediglich eine anerkannte Form der Unterhaltung. Das Genre, eine komplizierte und meist nicht zu unterscheidende Mischung aus Tatsachen und Fiktion, ist uns schon so lange bekannt, daß wir neue Elemente, wie zum Beispiel den Phantomtramper, nicht mehr ernst nehmen können.

In Wahrheit ist es eher die Sensation als ihre Bedeutung, die uns dabei interessiert. Im ganzen ändern die Geistergeschichten (seien sie nun wahr, Fiktion oder eine Mischung aus beidem) nichts an unserem Lebensstil, am Universum oder an irgend etwas anderem. Die Geschichten, die in den Zeitungen verbreitet werden, sind Eintagsfliegen und schnell vergessen. Im Gedächtnis des Durchschnittslesers bleiben nicht die Einzelheiten, wie zum Beispiel Namen oder Orte, sondern das Allgemeine haften, vielleicht sogar nur die schwache Erinnerung an einen Tramper, der aus einem fahrenden Auto verschwunden ist und im nachhinein zum Geist erklärt wurde. Ein weiteres Hauptthema, das später erörtert werden soll, ist die Frage, ob es möglich ist, daß man sich über eine längere Zeit hinweg an solche Einzelheiten erinnert.

Wenn man eine erfolgreiche Geistergeschichte erzählt, egal, ob mündlich oder schriftlich, ist es das wichtigste, sie als eine knallharte Tatsache zu präsentieren. Die Geschichte muß wie ein ernsthaft erzählter Bericht ankommen, ein Bericht, der das Urteilsvermögen des Lesers oder Zuhörers herausfordert, aber nicht verspottet. Dabei ist es gleichgültig, wie unglaublich und unwahrscheinlich die ganze Geschichte ist. Die viktorianischen Schriftsteller, die einen guten Ruf als Autoren unheimlicher Geschichten genossen und deren »wahre Berichte« von Spukerscheinungen reine Phantasieprodukte waren, verließen sich zum großen Teil auf das Verständnis dieser Eigentümlichkeit der Geistergeschichten. Manchmal waren sie damit so erfolgreich, daß wir nicht ganz sicher sein können, ob alles nur auf Phantasie beruht. So ist Le Fanus »Authentische Erzählung von einem Spukhaus«, um nur ein Beispiel zu nennen, gar nicht so weit von den Augenzeugenberichten entfernt, die in den ersten Ausgaben der Zeitschrift *Proceedings* der Gesellschaft für Psychoforschung erschienen sind. Diese Zeitschrift druckte nur Berichte von genau überprüften Fällen ab. Dank der besonders zurückhaltenden Darstellungsweise bewegen sie sich auf einem Gebiet, das sowohl Tatsachen als auch Fiktion umfassen kann.[17]

Die Geister der Volkssage sind ebenso Mischformen aus Tatsachen und Fiktion. Solange die Geschichten gut sind, machen sich die meisten Leute keine Gedanken über den Beweis ihres Wahrheitsgehalts. Der Phantomtramper ist ein Geist der Volkssage par excellence – er bietet eine Geschichte, die so oft wie eine tatsächliche Begebenheit erzählt wurde, daß niemand, der wirklich an einem Beweis interessiert ist, glauben wird, es handle sich um etwas anderes als um Fiktion. Die Volkssage beschäftigt sich nicht in erster Linie mit Einzelheiten wie den Namen der Zeugen, dem Datum oder dem Schauplatz. Die Geschichten werden keinem Prozeß unterworfen, durch den sie eine Art von Gültigkeit erlangen sollen, so wie es bei den Parapsychologen gang und gäbe ist, sobald es sich um Geistergeschichten handelt.

Daher bestehen noch genügend Gründe, dem Phantomtramper mit Mißtrauen zu begegnen, selbst wenn er/sie/es in – wie wir glauben sollen, hundertprozentig wahren – Zeitungsberichten erscheint. Wir sind geneigt, die »garantierte Wahrheit« als bare Münze anzuerkennen, und das, was aus ihr folgt, zu übersehen (um es dann zu vergessen). Warum soll man sich darum kümmern, ob der Geist eine Botschaft übermittelt oder eine Bedeutung besitzt?

Der Herzkönig sinniert: »Und dennoch, ich weiß nicht... mir scheint es trotz allem eine Bedeutung zu geben.« Die Tatsache, daß die gleiche Geschichte mit nur geringfügigen thematischen Unterschieden in so vielen Teilen der Welt auftaucht, legt nahe, daß der Tramper ein höchst populärer Geist ist. Vielleicht ist er sogar beliebt, da er sich oft gleich verhält. Wie kann das sein? Die Geschichte muß einen bestimmten, tiefliegenden Punkt im Erzähler, im Zuhörer, im Leser treffen. Ist es möglich, daß Geistergeschichten wichtiger für uns sind, als wir denken?

Oder noch geheimnisvoller: Bei einem kleinen Teil dieser Geschichten hat man den Beleg, daß sich die Leute an eine Behörde gewandt haben (die Polizei), um von Erlebnissen zu berichten, die alle Kriterien erfüllen, die sie für gewöhnlich an wirklich stattfindende, alltägliche Ereignisse anlegen. Und wenn es um die Geistergeschichten geht, kann eine kleine Gruppe sehr bedeutend sein...

Eine Geschichte oder eine ins Leben gerufene Geschichte?

Immer wieder wurde der Phantomtramper als eine Tatsache dargestellt – es ist aber nicht unbedingt notwendig, ihn als eine Tatsache zu behandeln.

Selbst wenn man ihn nicht als eine Tatsache ansieht, verdient die Geschichte ein besseres Schicksal, als in Vergessenheit zu geraten. Es wäre eine durchaus lohnende Untersuchung, einige bescheidene Fragen zu stellen, um die Dynamik dieses dauerhaften Motivs zu ergründen, zum Beispiel:

- Wenn der Phantomtramper nicht mehr ist als eine x-beliebige andere Geistererfindung, wieso ist er dann so weit verbreitet und (was ebenso seltsam ist) so langlebig? Es gibt eine Menge anderer, wesentlich spannenderer Geistergeschichten, Erzählungen, die erinnerungswürdiger und aufregender sind und doch nicht überlebt haben. Die Erscheinung, die mit dem Tod einen Pakt abgeschlossen hat und ihre Realität dadurch bezeugt, daß sie mit ihrem brennenden Griff ein Brandmal am Handgelenk des Zeugen hinterläßt, war ein großes Thema der Gespenstervorzeit – heutzutage hört man kaum noch etwas davon. Im Gegensatz dazu ist der Tramper immer noch auf der Straße und besitzt eine beinahe weltweite Verbreitung. Wenn es sich nur um eine neuere Geschichte von vielen handelt, was ist dann so bemerkenswert an ihr, daß wir sie nicht sterben lassen?

Die Folgerung aus den Überlebensqualitäten dieses gern gelittenen Phantoms läßt die Vermutung zu, daß einige Aspekte der Volkssage feinsinniger und wichtiger sind, als wir es heutzutage für möglich halten. Dazu folgendes:

- Besitzt die Geschichte für uns eine bestimmte Bedeutung? Vermittelt oder spiegelt die Geschichte eine bestimmte Absicht? Heutzutage schauen wir uns im Fernsehen Katastrophen- und Horrorfilme an, um unsere Sensationslust zu befriedigen. Erfüllt das Motiv des Phantomtrampers, das im Vergleich mit den schnell produzierten Horrorgeschichten ganz harmlos erscheint, eine bestimmte Rolle innerhalb der Volkskunst? Vielleicht entspricht es genau unseren Vorstellungen darüber, wie und was Spuk sein soll?

Es ist zu einfach, eine Geistergeschichte einfach abzutun, nur weil man vorher schon einmal etwas von ihr gehört hat oder weil es gerade »in« ist, alles, was die Zeitungen drucken, überkritisch zu betrachten. Welche Zweifel wir auch immer am Wahrheitsgehalt einer Geschichte hegen mögen, wir müssen auf alle Fälle die Eigengesetzlichkeiten der Geschichte sorgfältig in Augenschein nehmen, bevor wir sie in den Papierkorb werfen.

● Gibt es irgendeinen Beweis dafür, daß diese Geschichten vom verschwindenden Tramper wahr sind?
Wie glaubhaft sind all die journalistischen Beschreibungen dieser Ereignisse? Und schließlich, inwieweit kann man den Zeugen selber Glauben schenken? Wenn die Erzähler auf all diesen Ebenen lügen (oder, um es etwas schöner auszudrükken, wenn sie ihrer Phantasie freien Lauf lassen), wieso werden dann diese alten Lügenmärchen immer wieder erzählt?
Andrew Lang schrieb:

> Selbst Geistergeschichten haben so etwas wie eine Tatsachengrundlage, sei sie im Bereich der Halluzination, der Einbildung oder der Betrügerei angesiedelt. Sie sind zumindest »menschliche Dokumente«.[18]

Tatsachengrundlage, menschliche Dokumente. Wie man es betrachtet, Geistergeschichten sind seltsame Bruchstücke menschlicher Erfahrung. Sie enthüllen uns etwas über die Art, wie wir funktionieren; sie laden uns ein, Theorien zu bilden und unser begrenztes Verstehen auf die Probe zu stellen. Wenn wir tiefer gehen und nicht nur die sensationelle Seite der Geistergeschichten betrachten, sehen wir, daß noch viel mehr dahintersteckt.

Andrew Lang (1844–1912), einer der talentiertesten und versiertesten Schriftsteller jener Tage, hatte an Geistergeschichten ein besonderes Interesse. »Sie sind zumindest menschliche Dokumente«, schrieb er.

(National Portrait Gallery, London).

Das ständige Auftauchen des Phantomtrampers auf unserem an Autos reichen Globus macht uns deutlich, daß die Geschichte einen Sinn haben muß, irgendeine Bedeutung. Andrew Lang lebte zu einer Zeit, als motorisierte Transportmittel noch eine Seltenheit waren – was nicht heißen soll, daß der Tramper nur reisen kann, wenn es Automobile gibt. Lang, der so ziemlich alles über die Dauerhaftigkeit von Geistergeschichten wußte, gab einen Kommentar ab, der für unser Motiv höchst interessant ist. Er sagte über eine andere häufige Erzählung:

> Die Geschichte... gehört zweifellos zu den Erzählungen, die in bestimmten Zeitabständen immer wieder auftauchen. Entweder weil sich die Ereignisse wiederholen oder weil die Leute unbewußt alte Legenden an neue Schauplätze verlegen und alte Begebenheiten oder Fabeln neuen Personen andichten.[19]

Gleichgültig, wie oft der Phantomtramper als Tatsache hingestellt wird, die Forscher setzen dem Beweis, daß die meisten der Geschichten vom umherreisenden Geist frei erfunden und eine Schöpfung der Volkssage sind, kaum etwas entgegen. Das nächste Kapitel unterstreicht diese Theorie und deutet die Allgegenwart des Trampers als einen Beweis für den fließenden Strom und die Kraft alter Volksmythen in unserem modernen Zeitalter, in dem sie auf den ersten Blick als Anachronismus erscheinen. Es ist gar nicht so unbedeutend, daß wir diese Gruselgeschichten immer noch erzählen, und zwar immer noch auf die alte Weise, so als ob es sich um wahre Begebenheiten handelte, die uns selbst oder unseren Bekannten zugestoßen wären. Aber an dieser Sache ist noch mehr dran.

Lang vermutet, daß sich nur bestimmte Ereignisse wiederholen, sobald Geister im Spiel sind. Die Menge zweifelhaft bewiesener oder zugegebenermaßen erfundener Trampergeschichten hat wohl alle außer einer Handvoll Forscher davon überzeugt, daß diese Geschichten nicht wortwörtlich wahr sind. Sicherlich, wir müssen uns erst mit den Beweisen beschäftigen, bevor wir einer solchen Folgerung zustimmen können. Möglicherweise haben die Skeptiker recht, und es gibt keinen einzigen Beweis dafür, daß jemals auch nur ein Mensch einen Phantomtramper chauffiert hat... Wenn es jedoch Beweise gibt, dann dürfen wir uns nicht nur um ihre Glaubhaftigkeit kümmern. Eine Folgerung könnte nämlich lauten, daß diese Autofahrergeschichten eine spezielle Art von paranormalen Phänomenen darstellen – und der Tramper ginge dann die Parapsychologie ebenso wie die Folklore etwas an. Wenn dem so ist, dann sollten sich Forscher mit dem Geschäft, das mit den Geistern und den Geistersehern gemacht wird, auseinandersetzen; nicht zuletzt auch, um zu erfahren, wie man in neu auftretenden Fällen zu einem schlagkräftigen Beweis kommt.

Es ist eine gesunde Einstellung, außergewöhnliche Begebenheiten nur auf Grund von hieb- und stichfesten Beweisen anzuerkennen. Der Phantomtramper fordert unsere Entscheidung heraus. Glaubwürdig scheinende Leute legen Zeugnis ab von unglaublichen Erlebnissen. Sollen wir ihre Geschichten ablehnen, weil sie nicht von unabhängigen Zeugen bekräftigt werden können – weil der betroffene Autofahrer allein war, als er den Tramper mitnahm? Die angemessene Reaktion wäre, daß wir eigentlich diese Geschichten ablehnen *müssen*. Auf der anderen Seite wurden Forscher von der Glaubwürdigkeit einzelner Zeugen so beeinflußt, daß sie auf ihren Einspruch verzichteten. Und was ist mit solchen Fällen wie zum Beispiel dem von Palavas-les-Flots, wo vier Zeugen behaupten, dasselbe phantastisch klingende Abenteuer erlebt zu haben? Diese Vorkommnisse scheinen eher gemeinsame Lügen als gemeinsame Visionen zu sein; und wer sie untersucht, der hat die Pflicht, die Behauptungen zu überprüfen, anstatt sie einfach weiterzuverbreiten.

Ich sagte bereits, daß der Phantomtramper ein bekanntes Muster hat: die Geistergeschichte als Quelle der Unterhaltung. Man muß sich fragen, wieso ein solch fadenscheiniges Drehbuch immer noch ankommt. Wir können auf einer ziemlich festen Grundlage beginnen, dem Boden der Volkssage, und uns ansehen, wie weit verbreitet die Geschichte vom Phantomtramper ist und zu welchen Schlußfolgerungen uns diese Verbreitung veranlassen mag.

2

Der verschwindende Tramper – ein verbreitetes Phänomen

Die Vielzahl von Poltergeistunfällen wurde von mehr als einem Parapsychologen als schlagender Beweis für die Echtheit des Phänomens betrachtet, so zum Beispiel die Tatsache, daß überall in der Welt von Steinschlägen berichtet wird, trotz aller historischen, kulturellen, sozialen oder erziehungsbedingten Unterschiede zwischen den einzelnen Völkern. Es ist merkwürdig, daß man nicht bereit ist, diese globale Sichtweise auch auf andere Erscheinungen zu übertragen. Sie gelangt nämlich an einen Punkt, an dem wir zugeben müssen, daß die Erfahrung des Geistersehens zumindest eine gewisse Glaubwürdigkeit besitzt, da so viele Leute ein Phantom gesehen haben. Die wiederholten Berichte jedoch, die ganz spezielle Erscheinungstypen herausarbeiten, wie zum Beispiel geisterhafte Autobahnmenschen, verschiedene Sorten von schwarzen und grauen Damen und natürlich Phantomtramper, vermögen den Skeptiker nicht davon zu überzeugen, daß sie »existieren«. Paradoxerweise haben diese Berichte sogar die gegenteilige Wirkung. Kritiker, die mit so vielen, beinahe gleichen Geschichten konfrontiert werden, betonen nur, daß die fragliche Geschichte wohl von einem Ort zum anderen weitergetragen wird: Das gehört aber eigentlich nicht zur Parapsychologie, sondern eher in den Bereich der Volkskunde.

In Stith Thompsons Verzeichnis der Motive in Volkserzählungen findet man den Eintrag: »E 332.1.1. Der verschwindende Tramper.« Das läßt darauf schließen, daß die Volkskunde mit Variationen dieses Themas gut vertraut ist und daß sie Möglichkeiten hat, es uns zu erhellen.

Die Analyse des Trampers

Betrachten wir zum Beispiel Ernest W. Baughmans monumentales Werk *Typen- und Motivverzeichnis der englischen und nordamerikanischen Volkserzählungen*[1]. Hier finden wir auf zwei Seiten den Phantomtramper und die ihm ähnlichen Geister in hierarchischer Ordnung, klar eingeteilt und nach ihrem Verhalten beschrieben. Nach den verschiedensten Arten transportsuchender Erscheinungen kommt der Leser zum:

> *Verschwindenden Tramper.* Der Geist einer jungen Frau bittet um eine Mitfahrgelegenheit in einem Auto. Die Frau verschwindet aus dem geschlossenen Auto ohne das Wissen des Fahrers. Zuvor hatte sie ihm eine Adresse gegeben, zu der sie gebracht werden wollte. Der Fahrer trifft bei der angegebenen Adresse eine Person an, die ihm erzählt, daß seine Mitfahrerin vor einiger Zeit gestorben ist. (Oft findet der Fahrer heraus, daß der Geist schon andere Versuche unternommen hat, zurückzukehren. Meist an dem Tag, an dem er bei einem Autounfall ums Leben kam. Oft auch läßt der Geist etwas im Wagen zurück, zum Beispiel einen Schal oder eine Reisetasche.)

Soweit die Notiz E 332.3.3.1. Beinahe jede Variante dieser Geistererscheinung besitzt eine eigene Kennummer. Der Tramper, der an seinem Todestag aktiv wird, hat die Nummer E 332.3.3.1 (a); der Geist, der etwas im Wagen zurückläßt, E 3.3.1 (b); Fälle, in denen eine Wasserlache im Auto zurückbleibt, wie bei dem ertrunkenen Mädchen in einer Geschichte aus Waikiki, finden wir unter Nummer E 332.3.3.1 (c). Alte Damen, die verschwinden, nachdem sie eine unheilvolle Prophezeiung wie zum Beispiel von einer Katastrophe, einem Krieg oder dem Untergang einer großen Stadt ausgesprochen haben, sind unter der Nummer 3.3.1 (d) zusammengefaßt. Die nächsten drei Kategorien erfassen solche Phantome, deren Körper noch so aktiv sind, daß sie essen, trinken oder den Autofahrer lieben (3.1.e), sowie Phantome, die zu ihren sterbenden Söhnen gebracht werden wollen (3.1.f), oder solche, die ganz einfach nach Hause möchten (3.1.g). Man findet auch eine erstaunlich große Gruppe von verschwindenden Nonnen (3.1.h, 3.1.i, 3.1.j). Manche dieser Nonnen sprechen Prophezeiungen aus. Und schließlich kennt man auch Götter, die sich als Tramper an die Straße stellen (E 332.3.3.2). Zu diesen zählt die hawaiianische Göttin Pele oder Pelee (3.2.a).

Baughmans Verzeichnis ist als ein Beispiel, wie man das Material untersuchen kann, von unschätzbarem Wert. Aber es bietet noch mehr, so etwa Verweise auf alle Artikel und Schriftstücke, die jemals zu dem Thema erschienen sind. Liest man die nach Schlagwörtern aufgelisteten Einträge durch, so begegnet man öfters zwei Namen: Richard K. Beardsley und Rosalie Hankey. Sie widmeten im Jahre 1942/43 dem Phänomen des Phantomtrampers zwei der wichtigsten und bedeutendsten Studien, die jemals zu dem Thema erschienen sind. Niemand, der wirklich an »der populärsten aller in Amerika gängigen Geistergeschichten« interessiert ist,[2] kann an den beiden Ausgaben des *California Folklore Quarterly*, die die vereinten Anstrengungen enthalten,[3] vorbeigehen. Viele der späteren Autoren haben das System von Beardsley und Hankey angewendet und jeden neu entdeckten Tramper einem oder auch mehreren der vier Systeme zugeordnet, die die beiden aufgestellt haben. Es folgt nun eine kurze Beschreibung ihrer Errungenschaften. Sie verdienen es, in Kreisen dieser etwas nebulösen Disziplin, der Parapsychologie, besser bekannt zu sein.

Die Artikel von Beardsley und Hankey im Überblick

Beardsley und Hankey haben eine typische Phantomtrampergeschichte aus San Franzisko, die ihnen ein Geschäftsmann erzählt hatte, zum Anlaß genommen, so viele verschiedene und auch gleichlautende Geschichten wie möglich zu sammeln. In zwei Monaten hatten sie durch mündliche und schriftliche Quellen über sechzig Beispiele zusammen. Das waren mehr als genug, um ihre Behauptung zu stützen, daß »die Erzählung in den gesamten Vereinigten Staaten kursierte«.[4] Zählt man zu ihrem Endergebnis, 79 Geschichten – 40 davon waren in ihren ersten Artikeln abgedruckt –, die 49 Geschichten hinzu, die Louis C. Jones im New York State College Folklore Archiv gefunden hat, so kann man diese Feststellung nur schwer in Zweifel ziehen. Bei dieser beeindruckenden Sammlung von Straßenabenteuern unterschieden die Autoren »offensichtlich vier unterschiedliche Versionen, unterschiedlich auf Grund des Inhalts und der Entwicklung der Geschichten«.[5] Diese sind in alphabetischer Reihenfolge:

Geschichten, in denen der Tramper eine Adresse hinterläßt, an der der Fahrer erfährt, daß er einen Geist mitgenommen hat...

Version A

Geschichten, in denen der Tramper eine alte Frau ist, die ein Unglück vorhersagt. Nachforschungen ergeben manchmal, daß es sich um eine Verstorbene handelt...

Version B

Geschichten, in denen man ein Mädchen an einer Vergnügungsstätte trifft, zum Beispiel beim Tanz und nicht auf der Straße. Sie läßt eine Art Pfand auf ihrem Grab zurück (oft den Mantel des Fahrers, den sie sich geliehen hatte). So bezeugt sie das Geschehen und ihre Identität...

Version C

Geschichten, in denen der Tramper später als Gottheit identifiziert wird...

Version D

In ihrer Abhandlung kommen Beardsley und Hankey zu dem Ergebnis, daß Version A, die aus einer unbekannten Quelle stammt, am ehesten dem Typ einer »Originalgeschichte« entsprach, die die grundlegenden Elemente des Motivs enthielt. B und D erschienen ihnen lokal gebundene Variationen von A zu sein (mit hinzugefügten speziellen Einzelheiten), ebenso wie C, obwohl diese Version wieder weiter verbreitet ist. Die Autoren nahmen an, daß C ursprünglich eine ganz andere Geistergeschichte war (trotz der gemeinsamen Elemente mit A und B), die dann im Laufe der Zeit zur Phantomtrampergeschichte wurde.

Ungefähr 49 Prozent der Beispiele von Beardsley und Hankey fielen in die Kategorie A, die am weitesten verbreitete der vier Versionen. Sie kam in 16 Staaten der USA vor, eingeschlossen New York, Kalifornien, Texas und Hawaii, außerdem in Mexiko, wo eine besonders seltsame und einmalige Geschichte dieses Genres zu finden ist. Wie zu erwarten, gelangt jede Geschichte der Version A an ihren Kernpunkt, wenn sich herausstellt, daß das Mädchen kein Mensch ist, was in starkem Gegensatz zum recht realistischen Rest der Geschichte steht.
Die Geschichten der Version B sind verschieden: acht der neun Beispiele stammen aus der Gegend um Chicago oder aus Chicago selbst, und das junge Mädchen wurde durch die alte Dame ersetzt, die den übernatürlichen Charakter des Trampers mit dem Element der Prophezeiung verbindet. Dadurch wird das Verschwinden der Mitfahrerin noch mysteriöser.
Die trampenden Nonnen aus San Franzisko und Chicago treten gegen Ende des Zweiten Weltkriegs auf. Beide Geschichten waren in den Jahren 1942 und 1943 in Umlauf. In einem Überblick, den Professor Jones veröffentlichte, finden sich sieben weitere Geschichten. Jones zeigte ein lebhaftes Interesse an diesen Geschichten, und er fügte eine hinzu, über die damals, im Herbst 1941, in der Bevölkerung von Kingston, New York, viel geredet wurde. Die Nonne soll später als Mutter Cabrini identifiziert worden sein. Sie war die Gründerin des Heilig-Herz-Waisenhauses und wurde wegen ihrer guten Taten heiliggesprochen. Bei diesem Beispiel vermischen sich die Versionen B und D – der Tramper als lokale Gottheit. Die große Verbreitung und der Bekanntheitsgrad der Geschichte ist dadurch belegt, daß die Kirche auf Grund der öffentlichen Meinung gezwungen war, eine offizielle Nichtanerkennung zu verlautbaren.[6]
Nicht alle Frauen der Version B sind an Weltkriegen interessiert. Passend zur Behauptung, daß diese Variante aus Chica-

go, und zwar aus dem Jahre 1933, stammt, sind zwei Prophezeiungen, die eine Katastrophe im *Century of Progress Exposition* vorhersagen, außerdem, daß die Insel Northerly überschwemmt werde. Die letzte Vorhersage beruhte wohl auch zum Teil auf einer alten Legende, die besagt, daß Windy City, eine Insel auf dem Michigansee, untergehen werde. Eine andere aus Waukesha, Wisconsin, sagt Unruhen auf der Weltausstellung vorher, und ein anderer, ebenfalls trauriger Mitfahrer glaubt, daß eine große, namentlich nicht genannte Stadt des mittleren Westens in Amerika von einer Epidemie bedroht sei. Die Aktualität dieser Trampergespräche oder Prophezeiungen legt eigentlich den Gedanken nahe, daß das Motiv auch recht schnell wieder in Vergessenheit geriete – das war jedoch nicht der Fall.

Prophetische Tramper der siebziger Jahre

Diese Propheten der Landstraße sind weit davon entfernt, an Zeit (die vierziger Jahre) oder Ort (den amerikanischen mittleren Westen) gebunden zu sein. Sie reisen weiter. Ungefähr zehn Jahrzehnte später und weit von Chicago entfernt, erzählt man sich von einem typischen Fall, der sich in der Nähe der deutsch-österreichischen Grenze bei Greifenau zugetragen hat. Dort traf ein dreiundvierzigjähriger Geschäftsmann eine Tramperin. Obwohl sie eine nonnenähnliche Tracht anhatte, war ihr Verhalten ganz und gar nicht fromm. Sie setzte sich neben den Fahrer (der so herzensgut war, sie um Mitternacht noch mitzunehmen), beantwortete keine seiner Fragen und murmelte lediglich etwas von einem großen Unheil, das der Artikel in *The News of the World* in der Ausgabe vom 13. April 1975 nicht weiter erläutert. Der Rest

der Geschichte folgt mehr oder weniger dem bekannten Schema: Die Frau verschwindet und versetzt den armen Fahrer so in Unruhe, daß er beinahe in ein entgegenkommendes Auto fährt. Andere Fahrer erzählen von ähnlichen Abenteuern. In manchen Fällen verschwindet die Frau sogar, bevor sie ins Auto steigt, oder sie bleibt völlig stumm bis zu ihrem Verschwinden. Die Polizei soll die Sache sehr ernst genommen haben und jedem, der die Geschichte weitererzählte, eine Strafe von 1000 Mark angedroht haben, denn eine Art von Panik hatte die Gegend ergriffen. Eltern hielten ihre Kinder bei Tag und Nacht von der Geisterstraße fern. Eine Gruppe von österreichischen Forschern, die sich mit derlei Phänomenen beschäftigte, nahm die Angelegenheit ebenfalls sehr ernst. Möglicherweise waren sie von der Behauptung beeindruckt, daß ein Amateurphotograph ein Photo von einer schattenhaften Figur gemacht haben soll. Sie bauten elektronische Geräte und hochempfindliche Kameras entlang der Straße auf, in der Hoffnung, einen Beweis für die Existenz der Erscheinung liefern zu können. Die Frage, ob es ihnen gelang, bleibt unbeantwortet. Der Artikel hört an diesem Punkt auf.
Hier nun eine Geschichte, die innerhalb der Volkssage als Tatsache dargestellt wird. Es handelt sich um einen Tramper der Version B, der eine etwas zweideutige prophetische Gabe besitzt. Dies wird sehr deutlich in einem Fall, der sich im Februar 1977 in Norditalien zugetragen hat. Die Zusammenfassung von Steve Moore zitiert folgende Artikel über diesen Fall: aus *La Stampa* vom 25./26. Februar sowie 1. März, aus *Stampa Sera* vom 28. Februar und sogar aus *Dallas Morning News* vom 25. Februar.[7] All diese Quellen berichten von einer alten Dame, die von mehreren verschiedenen Fahrern mitgenommen wurde und die Zerstörung Mailands durch ein Erdbeben am 27. noch desselben Monats vorhersagte. Natürlich verschwand sie und hinterließ als eine Art Beweis die

Mitteilung, daß sie vor zehn Jahren gestorben sei (wie die katholische Nonne aus Chicago in der 18. Geschichte von Beardsley und Hankey). Die Auflösung paßt ebenfalls genau zu der Art des Falles: trotz der ganzen übernatürlichen Ausschmückungen erfüllte sich die Prophezeiung nicht, und die wahnsinnige Faszination Tausender Italiener hatte rasch ein Ende, als die alte Stadt von jeder Erdbebenkatastrophe verschont blieb. Steve Moore fügt hinzu, daß die panikartige Reaktion in Norditalien nicht ganz unbegründet war in Anbetracht der Katastrophen im Jahre 1976.

Ein anderer »Straßenapostel«, der auf apokalyptische Art und Weise drei Jahre später in der Nähe von Little Rock, Arkansas, auftrat – es handelte sich um einen gutgekleideten, ansehnlichen jungen Mann –, wurde bekannt durch einige Vorfälle, die der Polizei gemeldet wurden, sowie durch kursierende Gerüchte. Dieser Reisende verkündigte die zweite Ankunft Jesu Christi, bevor er verschwand. Eine Zeitung schrieb, daß er auch über aktuelle Vorfälle sprach, zum Beispiel über die Geiseln in der amerikanischen Botschaft im Iran.[8] Robert Roten von der berittenen Polizei, der scheinbar die Hauptinformationsquelle war, sagte, daß es in diesem Gebiet eigentlich verboten sei, zu trampen, doch die Beamten mit der Festnahme Schwierigkeiten hätten, da sich der Prophet in Luft auflöste.

Interessant ist auch die Tatsache, daß es nur zwei offizielle, der Polizei gemeldete Berichte über diesen Fall gibt. Dafür liegen eine Menge mündlicher Versionen vor, die die Leute von Little Rock oft aus dritter oder vierter Hand kennen. Die *Little Rock Gazette* berichtete am 25. Juli 1980, daß die erste Geschichte von einem weiblichen Zeugen stammt – wobei nicht klar ist, ob die Polizei ihren Namen zu Protokoll genommen hat. Sie gab an, den Tramper einen Monat früher, am 29. Juni, auf dem Highway 65 in der Nähe von Conway getroffen zu haben. Er hätte davon gesprochen, wie schlecht die Lage sei, dann sei er verschwunden. Am Sonntag darauf, am 6. Juni, gab ein Mann, der ungenannt bleiben wollte, an offizieller Stelle den Bericht von einem Erlebnis ab, das ihm aber nicht selbst zugestoßen war. Einer Touristengruppe, die zwischen Little Rock und Benton unterwegs war, habe der Tramper verkündet, daß es niemals mehr regnen werde. Dann hätte er die verdutzten Autofahrer verlassen. Diese Geschichte war in der einen oder anderen Form im ganzen Staat bekannt, aber in keinem der zahlreichen Zeitungsartikel erschien der Name eines Zeugen, der den Vorfall als eigenes Erlebnis bezeugt hätte.[9]

Der Korrespondent von *Sunday People*, New York, fügte der Geschichte eine neue und verwirrende Dimension hinzu. Gleichzeitig mit den merkwürdigen Vorfällen in Little Rock ereignete sich eine Reihe von Zwischenfällen in Oregon. Eine fünfzig bis sechzig Jahre alte Frau in einer Nonnentracht soll Autos angehalten, über Gott und die Erlösung gesprochen haben und dann aus dem Auto verschwunden sein, das manchmal mit hoher Geschwindigkeit fuhr. Einen Zeugen flehte sie an, seine Sünden zu bereuen; wenn er es nicht täte, würde er bei einem Verkehrsunfall ums Leben kommen.[10]

Der New Yorker Korrespondent beschrieb nur die Spitze des Eisbergs. Einige der zahlreichen Berichte über die ältere Dame, die einmal als Nonne, dann wieder »teuer« gekleidet auftrat und Gebiete von Interstate 5 zwischen Tacoma im Staate Washington und Eugene in Oregon heimsuchte, bemerkten ein gewisses Interesse, das sie für den berüchtigten Mount St. Helen an den Tag legte. Der *Midnight Globe* vom 5. August 1980, der zwei Polizeibeamte und einen Zeugen zitierte, betonte, daß sie einem Autofahrer erzählte, der Ausbruch des Vulkans im Mai sei eine Warnung Gottes für die Menschen Nordwestamerikas gewesen. Diejenigen, die nicht zu Gott zurückkehrten, könnten damit rechnen, beim nächsten Vulkanausbruch ums Leben zu kommen. Experten sind immer noch dabei, die Wahrscheinlichkeit der Aussage zu prüfen. Die Dynamik dieser merkwürdigsten der modernen Trampergeschichten führt uns weit über die wahrsagenden Nonnen Chicagos hinaus, über die Beardsley und Hankey berichten: so weit, daß wir uns eine gründliche Untersuchung dieses Mythos für die letzten Seiten des Buches aufheben.

Weitere Variationen dieses Themas

In der Version C von Beardsley und Hankey ist der Tramper immer ein junges Mädchen, das man nur in Tanzlokalen, Bars und ähnlichen Amüsierbetrieben antrifft (Jones fand in New York allerdings drei Beispiele, wo die Tramperin herkömmlichere Straßenvergnügungen vorzog). Sie verschwindet nicht einfach, sondern steigt an ihrem Ziel – ihrem ehemaligen Haus oder dem Friedhof – aus dem Auto aus, nimmt etwas mit, das sie sich geborgt hat, zum Beispiel ein Kleidungsstück des Fahrers, und legt es zum Zeichen dafür, daß der Fahrer nicht geträumt hat, und um ihre Identität nachzuweisen, auf ihr Grab. Dieses Pfand ist oft der Mantel des Fahrers.[11] Jones ist der Ansicht, daß die unnatürliche Kälte, über die sich das Mädchen beklagt (man könnte auch denken, es sei die Grabeskälte) sowohl als Hinweis auf ihre Geisternatur gesehen werden kann wie auch als ein Vorwand, sich ein Kleidungsstück zu borgen.

Louis C. Jones fand jedoch nicht nur Mäntel auf den Gräbern. An diesen etwas makabren Stätten entdeckte er auch andere Beweisstücke, wie zum Beispiel ein Photo, auf dem der Tramper mit einer bereits verstorbenen Person zu sehen war. Das Nebenmotiv der Photographie kommt jedoch nicht nur in den beiden C-Versionen und den drei Geschichten vom B-Typ seiner New Yorker Sammlung vor, sondern erscheint wenigstens in zwei italienisch- und irisch-amerikanischen Geschichten, die keine Beziehung zu Phantomtrampern haben. Beide Varianten erscheinen in einer kurzen Nachricht in *Sunday People* vom 11. März 1973. Es wäre vielleicht noch von Interesse zu erwähnen, daß sie dort wie wahre Tatsachen behandelt wurden.[12]

Der Artikel »Luigi nimmt einen Geist mit« handelt von Vorfällen, die Wasser auf die Mühle von Beardsley, Hankey und Jones gewesen wären. Der Motorradfahrer Luigi Torree aus Sassari auf Sizilien lieh seinen Mantel einer weiblichen Mitfahrerin, die er auf dem Soziussitz mitgenommen hatte. Er findet den Mantel am nächsten Tag auf dem Boden neben dem Grab eines Mädchens wieder, das drei Jahre vorher auf tragische Weise ums Leben gekommen war. Und als ob noch ein weiterer Beweis nötig wäre, befindet sich über dem Grab eine Photographie, die unzweifelhaft bestätigt, daß Lucia Galante, die als Neunzehnjährige gestorben war, identisch mit der Tramperin des Vorabends war.[13] Trotz der Beweise könnte ein Zyniker sagen, daß man nicht alles glauben darf, was in den Zeitungen steht.

Man könnte ebensogut an Laurie glauben, an die Heldin einer niedlichen kleinen Ballade aus den sechziger Jahren, als geisterhafte Mädchen gelegentlich ein Thema in der Popmusik waren. Laurie taucht als Phantomtramper auf, der nicht mitgenommen wird. Statt dessen erlaubt sie dem netten Jungen, ein Lied zu singen und sie nach Hause zu begleiten. Sie hat noch seinen Pullover an, den er ihr ausgeliehen hat, weil »sie sagte, es sei ihr sehr, sehr kalt«. Natürlich endet auch diese Geschichte an ihrem Grab – und der Vater des toten

Mädchens bereitete den Sänger auf das Schlimmste vor. Wie wir vielleicht schon erraten haben: der Vorfall ereignete sich an ihrem Todestag.
Das Lied hat einen Refrain, der besagt, daß auf der Welt seltsame Dinge passieren – was tatsächlich der Fall ist. Auf einer prosaischeren Betrachtung ist »Laurie« ein gutes Beispiel dafür, wie ein altes Thema wieder neu in Umlauf gebracht wurde; auch daß der Mantel durch einen Pullover ersetzt wurde, ist kein Zufall. Zu der Zeit, als die Schallplatte herauskam[14], waren flotte Pullover wichtige Bestandteile der Garderobe eines fortschrittlichen Teenagers. Die Aufarbeitung einer Einzelheit für ein ganz bestimmtes Publikum (in diesem Fall für jugendliche Schallplattenkäufer) ist ein typischer Zug der Volkserzählungen, also auch der Geschichten vom Phantomtramper.
Die C-Versionen besitzen eine, wenn man so sagen will, mehr literarische Atmosphäre als die drei anderen Varianten. Die Erzählung arbeitet mit gewissen Kunstgriffen. Beardsley und Hankey geben zu bedenken, daß die Rückkehr zum Grab eine Art Hinweis auf die Bösartigkeit des Trampers ist oder vielleicht auch ein Vampirmotiv. Unterstützt wird diese Annahme dadurch, daß der Fahrer als Folge seiner Begegnung gelegentlich verrückt wird oder sogar stirbt. Bei Beardsley und Hankey finden sich acht typische C-Versionen. Die Stilisierung, die man in älteren, nichtamerikanischen Geistererzählungen findet, wie zum Beispiel die Friedhofszene, die unnatürliche Helligkeit oder Kälte des Mädchens sowie ihre ätherischen Bewegungen,[15] ist untypisch für den Phantomtramper. Die Autoren stellen die Vermutung auf, daß sie auf Horrorfilme zurückzuführen ist, die *Universal* in den dreißiger Jahren herausbrachte. Professor Jones hält es durchaus für möglich, daß Frankenstein, Dracula und seine Tochter die Entwicklung dieser C-

Version beeinflußt haben. Er hält diese Geschichten für spannender und vielleicht literarischer als die Geschichten vom Typ A.[16]
Hawaii, wo die Autoren zwei A-Versionen und einige Variationen des Themas vorfanden, ist die eigentliche Heimat der letzten Version. Aber in der Version D kommt kein Geist vor: Pele ist eine Gottheit, und man glaubt, daß ihr Erscheinen einen Ausbruch des Mauna Loa ankündigt. Sie wird meist an den Hängen dieses Vulkans angetroffen. Obwohl in den Geschichten, die Beardsley und Hankey entdeckten, niemals ein solches Unglück eintraf, wurde an einen anderen Aspekt des Pelemythos erinnert: es bringt Unglück, wenn man Pele nicht mitnimmt und sie am Straßenrand trifft. Aus diesem Grund machten zwei unaufmerksame Autofahrer kehrt und fuhren bis zu der Stelle zurück, an der sie eine alte Frau mit einem Korb überholt hatten. Die Frau verschwand auf geheimnisvolle Weise, nachdem die beiden sie überholt hatten. Die Fahrer überlegten, daß sie das Wesen, das nur die Gottheit sein konnte, sicherlich beleidigt hätten. Soweit die undatierte Geschichte aus Oahu. Beardsley und Hankey runden ihre Untersuchung mit 23 weiteren Varianten des Tramperthemas ab.
Die ausführlichen Untersuchungen von Beardsley und Hankey brachten frischen Wind in den relativ gut aufgearbeiteten Bereich der Volkskunde, der sich mit dem Phantomtramper befaßt. Ebenso wie die Arbeit von Louis C. Jones, die wir bereits zitiert haben, kennen wir viele andere Beiträge, die versuchen, diesen Geist der Straße in Zusammenhang mit der Volkssage zu bringen. Viele dieser Arbeiten stammen aus den siebziger Jahren. Damals gab es eine neue Welle von »wahren Berichten« über Phantomtramper, die sich über die ganze Welt erstreckte. Auf einige dieser Quellen werden wir später noch zu sprechen kommen. An dieser Stelle müssen wir uns

überlegen, welche Schlüsse wir aus dieser Materialfülle ziehen können.

Die erste und unvermeidliche Schlußfolgerung lautet, daß wir es mit einem sehr weit verbreiteten Motiv zu tun haben, das nur in den Bereich des Volksmythos gehören kann. Ein Optimist mag vielleicht annehmen, daß es irgendwann einmal einen tatsächlichen Vorfall in der Art der Version A gegeben hat, der dann von allen möglichen Erzählern in der ganzen Welt aufgegriffen und nach der jeweiligen Mode verändert wurde, so wie es mit allen guten Geschichten geschieht, egal, ob es Geistergeschichten oder andere sind. Es sieht jedoch nicht so aus, als ob diese Theorie überzeugender sei als die Annahme, daß der Phantomtramper ein Element der Volkssage sei.

Diese Annahme wirft einige Probleme auf. Als ein Informant im Jahre 1971 Jacqueline Simpson eine »klassische« Trampergeschichte erzählte – in der Geschichte kamen sogar die Eltern vor, die dem Fahrer erzählten, daß das Mädchen, das er beschrieb, ihre Tochter sei, die vor drei Jahren vor dem Café in Horsham überfahren worden war, als sie versuchte zu trampen –, behandelte er die Geschichte verständlicherweise wie eine Sage aus der reichen Tradition der Volkssage.[17] Der Volkskundler ist zweifellos im Recht, wenn er sich so verhält. Die Geschichte weist alle Merkmale eines Kunstprodukts auf. Trotzdem benötigt ein Forscher, der sich mit psychologischen Aspekten des Phänomens auseinandersetzt, bessere Grundlagen als die bereits angeführten, um einen Bericht, der offensichtlich aus erster Hand stammt, einfach abzutun. Man sollte vorgefertigte Ideen beiseite lassen und innerhalb der Fiktion nach Spuren suchen, die auf eine tatsächliche Begebenheit hinweisen. Vieles spricht gegen die Möglichkeit, daß auch nur ein Körnchen Wahrheit in den Phantomtrampergeschichten steckt. Das ist jedoch kein Grund, sie einfach von der Hand zu weisen. Die Wahrscheinlichkeit steht immer gegen die Annahme, daß irgendeine Geistergeschichte tatsächlich stattgefunden hat, ganz einfach deshalb, weil alle Erscheinungen im Grunde Dinge der Unmöglichkeit sind.

Eine moderne Geistergeschichte?

Lassen wir diese Fragen, über die man sicher streiten kann, beiseite und wenden wir uns der Geschichte des *verschwindenden Trampers* zu – so der Titel der zweiten Untersuchung von Beardsley und Hankey. Obwohl keineswegs außer Frage stand, ob das Motiv vielleicht bereits in noch nicht motorisierter Zeit entstanden ist, hatten sie vorweg festgestellt, daß seine geographische Verteilung und die Tatsache, daß in 76 der 79 Beispiele ein Auto vorkam, deutlich zeige, daß das Auto ein grundlegendes Element der Geschichte sei und es demzufolge auch in der allerersten Version vorgekommen sein mußte – es wäre nur schön, wenn man diese erste Geschichte eindeutig identifizieren könnte.[18] Als nächstes untersuchten sie Geistergeschichten der Vergangenheit und hofften, dabei auf die Originalgeschichte zu stoßen. Ihre Schlußfolgerung lautete: »Wenn diese Geschichte einen historischen Vorläufer hat, dann haben wir ihn noch nicht gefunden.«[19] Ihre Untersuchung brachte nur Elemente ans Licht, die in europäischen, griechisch-römischen und amerikanischen Trampergeschichten zu finden waren – die Ähnlichkeiten, die sie fanden, waren zu allgemein, um eine nähere Beziehung feststellen zu können. In diesen alten Geschichten wurde der Geist immer als das erkannt, was er ist. Wie wir gesehen haben, besteht ein wichtiges Merkmal des Phantomtrampers darin, daß man ihn nicht eindeutig als ein übernatürliches Wesen identifizieren kann, sondern eher als einen gewöhnlichen, lebendigen Menschen, der lediglich versucht, zu trampen. Deshalb waren Beardsley und Hankey überzeugt, »daß die Elemente und die Aussage der Geschichte modern sind..., was sie scharf von den Geschichten der Vergangenheit trennt. Das hervorstechendste moderne Element ist die erfolgreiche Verstellung des Trampers als menschliches Wesen.«[20]

Sie glaubten, daß dieses Element in der europäischen Geistergeschichte ziemlich selten vorkommt, und ließen die wenigen Ausnahmen ganz beiseite. Der Geist, der sich so gibt, daß er auch als Mensch gelten könnte – von ihm berichten höchstens die ersten psychologischen Zeitschriften –, war bis zum Ende des 19. Jahrhunderts kaum bekannt. Nach Beardsley und Hankey erreichten die frühesten Trampergeschichten (die der Version A) ihren Gipfel an Popularität in den Erzählkreisen der späten zwanziger Jahre. Die etwas schillernderen Erzählungen der Version C, deren vampirartige Antiheldinnen sicherlich einiges von ihrem Ruhm den europäischen Liebhabern von Dämonen verdanken, sind eher ein Produkt des nächsten Jahrzehnts. »Forschungen auf dem Gebiet der Gegenwartsliteratur setzen zwar Quellen für ganz bestimmte Elemente voraus, nicht jedoch für den gesamten Kern oder Geist der Geschichte.«[21]

Die Schreiber legten einige in der Geschichte selbst liegende Beweise für die Modernität des verschwindenden Trampers dar. Die Tatsache, daß motorisierte Wagen als Fortbewegungsmittel auch für längere Reisen benützt werden, sowie der Kontakt zwischen Fremden (das Trampen selbst und Begegnungen beim Tanz in den C-Versionen) sind nur Menschen geläufig, die in der toleranten und mobilen Kultur des 20. Jahrhunderts leben. Die Geschichte selbst wird in faktenreicher Kürze erzählt, wie wir sie aus den modernen Nachrichtenmeldungen kennen, und immer wird der Schauplatz genau bestimmt. In krassem Gegensatz zu dieser Genauigkeit steht die Tatsache, daß man die Namen der Zeugen nicht nennt – und für gewöhnlich werden die Zeugen niemals ganz identifiziert. Beardsley und Hankey stellen fest, daß die Fahrer nach ihrer Beschäftigung eingeordnet werden: Taxifahrer, Geschäftsleute, Ärzte usw.

Dies ist ein weiteres Merkmal der modernen städtischen Geschichte, hat aber nichts mit dem alten ländlichen Gegenstück zu tun, in dem die Namen beibehalten werden, selbst wenn die Identität der Personen der Geschichte für den Zuhörer im Laufe der Jahre unmöglich und auch bedeutungslos geworden ist. Die vergleichsweise rasche Verbreitung der Geschichte in den gesamten USA könnte die Zuverlässigkeit der schnellen, transkontinentalen Kommunikationsmittel in einer völlig technologischen Kultur beweisen. Dieser letzte Faktor verhindert jedoch nicht, daß sich lokale Unterschiede (z. B. Variante B im mittleren Westen, Version D auf Hawaii) sowie andere spezifische Verschiedenheiten ausprägen.

Ausgehend von der Annahme, daß der Tramper sowohl ein städtisches Phänomen als auch eine Schöpfung der zwanziger Jahre war, kommen Beardsley und Hankey zu ihrer letzten Feststellung: »Die Geschichte stirbt aus. Obwohl sie noch gelegentlich erzählt wird, ist sie nicht mehr länger lebendig.«[22] Das bedeutet, daß die Trampergeschichte nur noch ab und zu erzählt wird, wie ein schmutziger Witz, und daß sie, im Gegensatz zu den Geschichten primitiver Kulturen, nicht mit neuen Elementen versehen werden kann, ohne daß die ganze ursprüngliche Struktur zerstört wird. Beardsley und Hankey schließen jedoch nicht aus, daß der Phantomtramper eines Tages wieder von neuem aufersteht. Zeitungsartikel aus den siebziger Jahren, seien sie nun wahr oder nicht, beweisen, daß ihre Einschätzung nicht falsch gewesen ist.

Beardsleys und Hankeys Forschungen haben scheinbar Alfred Sutros »eigene Erfindung« nicht beachtet, jenen weinenden Kindergeist, der nicht nur ein paar leichtgläubige Zuhörer beeindruckte.[23] Sutros »Schein«-Erscheinung ist kein typischer Phantomtramper, obwohl sich die Geschichte streng an die Formel »von der wahren Begebenheit« hält und gewisse Elemente mit Erzählungen übereinstimmen, die wir bereits der Straßengeistertradition zuordnen. Besonders die triefend nassen Kleider und die schluchzende Sprachlosigkeit kennen wir bereits von der unglücklichen Frau aus Southampton, ganz zu schweigen von den Ertrunkenen, die man auf Hawaii kennt.[24]

Obwohl Sutro seine Geschichte nicht datiert hat, weist sie doch einige Ähnlichkeiten mit den Geschichten der Version C auf, die Beardsley und Hankey in den dreißiger Jahren ansiedeln. Das heißt, daß man den Dramatiker nicht für die erste und grundlegende Phantomtrampergeschichte verantwortlich machen kann, die das Duo aus Kalifornien vergeblich gesucht hat, obwohl Sutros Anspruch auf Originalität sicherlich ernst gemeint war. Die beiden glaubten auch, die Ursprünge eher in der Nähe des Geistes zu finden, der seine Adresse hinterläßt und den wir bereits aus den Geschichten der Version A aus den zwanziger Jahren kennen. Sutros Geschichte ist wie gesagt eher mit der späteren Version C verwandt.

Dank den Nachforschungen anderer Volkskundler, die sich auch mit den Vorfahren des Geistes beschäftigt haben, wissen wir heute, daß der Phantomtramper nicht nur älter ist als Alfred Sutro und seine Erfindung, sondern sogar wesentlich älter, als Beardsley und Hankey annehmen.

Wenn man die Voraussetzungen anerkennt, die Beardsley und Hankey zu ihrer Schlußfolgerung veranlaßten, daß die Geschichte vom Phantomtramper ganz modern sei, dann muß es auch erlaubt sein, die Grundannahme anzuzweifeln. Die *Requisiten* der Trampervorfälle scheinen nur in unserer Zeit möglich zu sein, vor allem das Auto, die *Situation* selbst jedoch ist zeitlos.

Den Beweis dafür kann man in Andrew MacKenzies unterhaltsamem Führer über Leute und Sitten in Rumänien mit dem Titel *Das Land Draculas* finden. Bei dem Thema »körperhafte Geister« – Geister, die so tun, als wären sie menschliche Wesen – zitiert MacKenzie eine englische Ballade, in der ein Mädchen von seinem kürzlich verstorbenen Liebhaber auf dem Pferderücken nach Hause gebracht wird.[25] Dieses etwas obskure Werk heißt *Das Wunder von Suffolk* und trägt den ausführlichen Untertitel: »Erzählung von einem jungen Mann, der einen Monat nach seinem Tod seiner Geliebten erschien, sie in zwei Stunden vierzig Meilen auf dem Rücken seines Pferdes mit sich nahm und danach nie wieder gesehen wurde, außer in seinem Grab.«

Der Herausgeber John Glyde junior berichtet, daß diese Ballade aus einer dreibändigen Anthologie stamme, im Jahre 1723–25 erschienen sei und eine beachtliche Ähnlichkeit mit der berühmten deutschen Ballade der Leonore von Burger aufweise.[26]

So gesehen ist der geistergleiche Liebhaber ebenfalls jemand, der ein Pfand hinterläßt. Er borgt sich unterwegs das Taschentuch des Mädchens, um es sich um seinen schmerzenden Kopf zu binden. Dies muß er getan haben, denn als die beunruhigten Eltern den Leichnam exhumierten, trauten sie ihren Augen nicht.

> Erschreckt stellten sie da fest,
> Daß sich sein Körper in der Erde bewegt hatte.
> Und obwohl er seit einem Monat tot war,
> War dieses Taschentuch um seinen Kopf gewickelt.

»Das Wunder von Suffolk« enthält die wichtigsten Elemente einer Trampergeschichte. Der Geist ist nicht als Geist erkennbar. Er nimmt vom Hauptzeugen ein Kleidungsstück, das dann die Wirklichkeit der Erfahrung bezeugen soll und außerdem bestätigt, daß Reiter und Leichnam identisch waren/sind. Wie Beardsley und Hankey feststellten, ist dies ein Kennzeichen der Version C, ebenso wie die Tötung des unschuldigen menschlichen Reisegefährten durch den Vampir:

> Das erzählten sie ihr dann
> Und sagten ihr die ganze Wahrheit.
> Da packte Grauen und Entsetzen sie,
> Daß sie darob schnell starb.

Es ist sehr bezeichnend, daß die Lebenden wie die Toten dieselben Fortbewegungsmittel benützen, und zwar immer solche, die zu der jeweiligen Zeit gerade am praktischsten und bekanntesten waren.

Kürzlich wies mich der schwedische Forscher Sven Rosen auf einen Bericht hin, aus dem eindeutig hervorgeht, daß der Phantomtramper weder eine moderne noch eine nur amerikanische Geschichte ist. Er machte eine Version in einem Manuskript ausfindig, das in der Bibliothek von Linköping liegt. Sein Titel (Om the tekn och widunder som föregingo thet liturgiske owäsendet) heißt übersetzt soviel wie: Über die Zeichen und Wunder, die dem liturgischen Streit vorausgingen. Der Autor, Joan Petri Klint (gestorben 1608), wird von Rosen als »schwedischer Wundersammler« bezeichnet. Der Leser wird bald merken, warum die folgende Geschichte das Interesse eines Autors erregte, der sich auf solche Sachen spezialisiert hat.

Im Februar 1602 reisten ein ungenannter Vikar und zwei Bauern vom Lichtmeßmarkt in Västergötland zurück nach

Hause. (Rosen merkt an, daß das Transportmittel zu dieser Jahreszeit ein Schlitten gewesen sein muß.) Auf der Straße nach Vadstena wurden sie von einer »netten« und »hübschen« Frau angesprochen, die wie eine Kellnerin angezogen war. Sie bat darum, mitgenommen zu werden (und sie wurde mitgenommen). An einer Haltestation am Straßenrand hielten sie an, um etwas zu essen zu kaufen; das Mädchen aber wollte nur etwas zu trinken. Man brachte ihr einen Krug Bier. Der Vikar beobachtete, daß sie ihn nicht nahm, und fand heraus, daß der Krug mit Malz gefüllt war. Bei einem zweiten Krug verwandelte sich das Bier auf geheimnisvolle Art in Eicheln und bei einem dritten, unter den Augen des Vikars, in Blut. Dann sagte sie, als ob sie diese Zeichen selbst deuten wollte: »Es wird eine gute Ernte geben dieses Jahr. Es werden genügend Früchte an den Bäumen hängen. Aber es wird auch viele Kriege und Plagen geben.« Mit diesen Worten verschwand sie.

Man kann die Geschichte sofort als ziemlich frühe, aber charakteristische Trampergeschichte identifizieren. Das übernatürliche Wesen nimmt menschliche Gestalt an (die einer Kellnerin). Sie trampt auf die ihrer Zeit und ihrer Gegend entsprechende Weise (mit einem Schlitten). Sie verschwindet nicht aus dem Gefährt, wohl aber aus der unmittelbaren Nähe der Zeugen (vgl. das Mädchen in den Geschichten vom Typ C). Vor allem aber äußert sie eine Prophezeiung, die für ihre erstaunten Zuhörer von großem Interesse ist – ein Element der Version B der Trampergeschichten. Die Verwandlung von »gutem Bier« in das symbolträchtige Malz, die Eicheln und das Blut unterstreichen ihre übernatürliche Prophezeiung. Ebenso wie in den Erzählungen der Version B gibt es keinen Beweis, daß das Orakel sich bewahrheitet hat. (Rosen sagt allerdings, er sei da nicht so sicher.)

Am interessantesten ist das Alter dieser Geschichte. Frau

Professor Fish zitiert in ihrer Abhandlung *Jesus on the Thruway* (siehe auch Kapitel 7) Kapitel 8, 26–40 der Apostelgeschichte als einen frühen Tramperbericht. Der Apostel Philippus stieg auf den Wagen eines äthiopischen Kämmerers, bekehrte ihn zum christlichen Glauben und wurde dann vom Geist »entführt« – tatsächlich verschwand er, und man sah ihn dann in Aschdod wieder. Diese Ähnlichkeit zwischen der Bibelstelle und der Sammlung von Beardsley und Hankey scheint dennoch im Vergleich mit Klint nicht so groß zu sein, der seine Geschichte zwischen 1602 und 1608 geschrieben haben muß. Sie kann nicht nur als die erste »vollständige« Trampergeschichte angesehen werden. Ihre Datierung legt auch nahe, daß sich die kalifornischen Volkskundler nicht im Recht befinden, wenn sie davon ausgehen, daß die ursprüngliche Trampergeschichte eine Erzählung der Version A war (ein Geist, der eine Anschrift hinterläßt). Es ist ebensogut möglich, daß sich der Straßengeist aus einer Prophetengeschichte entwickelt hat, ähnlich Klimts Erzählung von dem hübschen, biertrinkenden Serviermädchen.
Es wirft auch ein neues Licht auf einen Bericht des UPI, der beinahe dreihundert Jahre nach der Begegnung des Vikars auf der Straße nach Vadstena von der Weltpresse aufgenommen wurde. Zeitungen mit hoher Auflage wie zum Beispiel der englische *Guardian* und die *Schenectady Gazette* (New York) in ihren Ausgaben vom 31. Oktober 1980 oder die *Japan Times* vom 1. November berichteten, daß die Polizei in Ekenassjon in Südschweden durch mehrere Fälle von gefährlichem Autofahren alarmiert sei. Bürger mißachteten die Verkehrszeichen, um einem jungen Tramper auszuweichen, der von der zweiten Ankunft redete. Der letzte Satz des Berichts liest sich beinahe wie ein Bekenntnis und ist vielleicht eine Reverenz vor dem »Propheten« aus Arkansas, der einige Monate vorher aufgetreten war. Vielleicht hat der Autor

geglaubt, jemand könne entdecken, daß der Vorfall in Schweden eigentlich aus den amerikanischen Medien stammte und nur folkloristisch umgemodelt wurde. Die allgemeine Bekanntheit der Geschichte von Little Rock könnte die Leser aber auch glauben machen, es handle sich um einen Scherz. Sicherlich paßte diese Geschichte mit den anonymen Polizeisprechern, den ebenfalls anonymen Zeugen, von denen die Hälfte betrunken war, und mit den bekannten Einzelheiten des Motivs verdächtig gut zum *Halloween*, einer Art Fasnacht in Amerika. Es ist nicht unwahrscheinlich, daß da ein Scherz über die großen Presseagenturen verbreitet wurde, um »Stimmung« zu machen. Interessant ist aber, daß die Witzbolde für ihre Unternehmung gerade eine Trampergeschichte ausgesucht haben. Man fragt sich, ob er/sie etwas von dem schwedischen Prototyp wußten, den Joan Petri Klimt vor beinahe dreihundert Jahren niedergeschrieben hatte.
Der Phantomtramper, den wir heute kennen, ist die modernisierte Fassung eines alten Typs und keine moderne Erfindung. Professor Louis C. Jones glaubt, daß der verschwindende Tramper weder besonders neu sei noch aus der Stadt stamme:

Es gab vor einiger Zeit in Europa und Amerika Geschichten von übernatürlichen Trampern, die auf Pferdewagen mitfuhren und dann verschwanden. Die Geistergeschichten begannen auszusterben, und die bekannteste und stärkste paßte sich der veränderten Transportweise an, als das Pferd von Autos und Bussen verdrängt wurde.[27]

Zur Ortung des Trampers

Die Anstrengungen, die gemacht werden, um dem Phantomtramper einen längeren Stammbaum zu verschaffen, scheinen ihn immer weiter von der Parapsychologie zu entfernen. Selbst wenn die Abstammung dieses Straßengeistes nur von akademischem Interesse wäre, würde man bei dieser Frage in eine Diskussion der Beweise für und gegen die Behauptungen der Zeitungen geraten, »daß es sich um eine wahre Begebenheit handelt«. Als Ergebnis der letzten Seiten können wir festhalten, daß der Phantomtramper sehr bekannt und weit verbreitet ist, ja, er ist sogar älter, als mancher Volkskundler glaubt. Jeder dieser Faktoren ist wichtig für die Behauptung, daß es Menschen gibt, die tatsächlich eine Begegnung mit Mitfahrern hatten, die ohne Vorwarnung und spurlos verschwanden. Vielleicht versöhnen sie einen Widerspruch in einem Menschen, der im wirklichen Leben ein Abenteuer erlebt, das eigentlich als eine Erfindung der Volkssage bekannt ist. Später mehr zu diesem Thema.

Am 19. Juni 1907 hielt Andrew Lang vor Mitgliedern der Volkskunde-Gesellschaft einen Vortrag mit dem anregenden Titel: »Der Tod der Toten – eine doppelt lokalisierte Geschichte.« Er diskutierte zwei verschiedene Berichte über ungewöhnliche (vielleicht paranormale) Sargbewegungen in versiegelten Grabstätten.[28] Beide Fälle waren den Forschern bekannt und wurden dem Poltergeist zugeschrieben oder als noch unentdeckte natürliche oder typisch menschliche Vorgänge gedeutet. Lang fand es ungewöhnlich, daß es zwei dieser beinahe gleichen Berichte gab. Obwohl er wußte, daß es diese seltsame Verdoppelung der Poltergeistphänomene gab, fragte er sich doch, ob sich der Bericht über die Unruhen in der Buxhoewdengruft bei Ahrensburg auf der Insel Oesel im Jahre 1944 nicht doch ein wenig auf die berühmten und gut dokumentierten »rückenden Särge« aus der Chasegruft der Christuskirche auf Barbados bezieht. »Passierte dieselbe merkwürdige Geschichte zweimal oder vielleicht sogar noch häufiger auf beiden Seiten des Atlantik und in einem Zeitraum von zwanzig Jahren, oder ist diese europäische Erzählung ein Plagiat aus der westindischen Sagenwelt?«[29]

Hinter dieser Spekulation stand das Wissen, daß eine wahre oder erfundene Geschichte sowohl vergessen als auch bewahrt und erneuert werden kann, daß der Geschichtenerzähler die ursprüngliche Umgebung mit einer neuen vertauschen kann und somit einer vielleicht sterbenden Geschichte zu neuem Leben verhilft. Wenn die einzelnen Stufen in diesem Umwandlungsprozeß nicht mehr zu unterscheiden sind, hat man es mit einer »doppelbödigen« Geschichte zu tun, und wie in dem Fall Lang und der rückenden Särge ist es dann schwer zu sagen, wer wann diese Neuerzählung verfaßt hat. Eine langweilig gewordene Erzählung kann dadurch belebt werden, daß man den Schauplatz von einem Land in ein anderes versetzt. Die mexikanische Legende von »La Llorona« ist ein solcher Fall. La Llorona ist die weinende Frau, deren Kind oder Kinder in einem Fluß ertrunken sein sollen und deren Geist seitdem gehört und manchmal auch gesehen wird, wenn er am Flußufer den Tod der Kinder beklagt. Als Auswanderer den Rio überquerten und sich in den USA ansiedelten, nahmen sie La Llorona mit. So fand auch sie eine neue Heimat fern ihres ursprünglichen Zuhauses. Sie gelangte sogar bis Indiana, wo sie im Jahre 1972 von dem Volkskundler Philip Brandt George entdeckt wurde. Obwohl der schmale Fluß Calumet bei Cudehey (einer früheren Vorstadt von Gary mit überwiegend mexikanischer Bevölkerung) sich sicherlich sehr von ihrem ursprünglichen Schauplatz unterschied, begann sie auch dort wie eh und je herumzuspuken.

Seltsam ist aber auch, daß La Llorona nun in Konkurrenz mit einem anderen inzwischen erfolgreichen Geist getreten war – mit dem Phantomtramper von Beardsley und Hankey, der Frau in Weiß, die ihre Familie bei einem Feuer oder einem Autounfall verloren hatte oder die selbst ums Leben gekommen war (bei einem Autounfall oder in der Hochzeitsnacht von ihrem eigenen Mann ermordet wurde). Weit entfernt davon, sich ins Gehege zu kommen, leben die beiden potentiellen Rivalen in friedlicher Koexistenz, die Georges Bericht zu einer spannenden Lektüre machen.[30]
George war durch die Entdeckung von dreizehn Varianten des Geistes von der Cline Avenue in den Volkskundearchiven der Universität Indiana so neugierig geworden, daß er die Gegend von Calumet besuchte und an Ort und Stelle Interviews mit dortigen Einwohnern machte. Er fand heraus, daß Cudehey keine Wohngegend mehr war. Aber inmitten der Tanks, Lagerhallen, der verqualmten Industriezone, die sich bis zum Fluß hin erstreckte, tauchte die weiße Dame nach wie vor auf und verschwand, vor allem im Gebiet der Cline Avenue, dort, wo sich früher die später zerstörte Vorstadt befand, oder besser gesagt: sie soll dort bis vor kurzem gespukt haben.
Der Geist der Cline Avenue ist ein gutes Beispiel dafür, wie sich eine Geschichte und ein Tramper verändern können. Es handelt sich um eine Mischung: eine Kombination aus zwei verschiedenen Geistermotiven, von denen keines völlig untergeht. Vom Phantomtramper haben die Geschichten die »verstümmelte« oder unvollständige Vielschichtigkeit. Ferner fehlt die Identifikation des Geistes, was bereits einer Erläuterung wert ist. Die Art der Begegnung – es handelte sich immer um einen männlichen Fahrer und eine Frau in Weiß, die sich beinahe stets an derselben Stelle der Cline Avenue trafen und stets bei Nacht – und das Verschwinden

der Mitfahrerin vom Rücksitz kurze Zeit später sind typisch für das Motiv. Der Zeuge erhielt jedoch nie eine Adresse, die er aufsuchen konnte, und so ist es auch unmöglich zu sagen, wer die Dame sein könnte (oder besser, wer sie gewesen ist).

In der mündlichen Überlieferung gewinnen die Geschichten offensichtlich an Glaubwürdigkeit, wenn ein Fernseh-, Radio- oder Zeitungsteam den Schauplatz aufsucht, in der Hoffnung, den Geist sehen oder aufnehmen zu können. Dadurch werden viele Leute ermutigt, sich an der Jagd zu beteiligen. George fand verschiedene Informanten, darunter einen Polizisten, die ihm bestätigten, daß eine solche Suche tatsächlich stattgefunden hat – wie oben beschrieben –, obwohl man nicht genau wußte, wann der Spuk stattfinden werde.

Es war die Vermutung eines Volkskundlers, daß der Geist von der Cline Avenue eigentlich ein Phantomtramper war, der nach Cudehey wollte. Die Veränderung der Gegend machte es bald völlig uneinsichtig, weshalb ein Tramper dorthin wollte.

Die Umstrukturierung der Wohn- in eine Industriegegend nahm der weißen Dame ihr Zuhause, denn die Geschichtenerzähler betrachteten Cudehey nicht mehr länger als einen Ort, an dem Menschen lebten. Das Motiv der Identifikation durch eine Adresse war überholt, und ein früher so wichtiges Element der Erzählung fiel damit fort. Das Ergebnis war, daß die Geschichte unvollständig in der Luft hing. Das machte es auch möglich, daß andere Schlußvarianten auftauchten, zum Beispiel Unfälle, Morde und andere Tragödien, die die irdische Identität des Geistes nahelegen sollen. Der ausgefeilteste Schluß stammt vom Motiv der La Llorona, der Frau, die ihre Kinder ertränkte. Die Bewohner Mexikos, die in benachbarte Gegenden umzogen, führten das letzte Abenteuer mit dem Geist der Cline Avenue auf die Erzählung von Calumet zurück.

Die Möglichkeit, daß diese Zwischenfälle etwa auf Tatsachen beruhen, untersucht George erst gar nicht. Es ist kennzeichnend, daß die meisten seiner Informanten eine gewisse Gleichgültigkeit, wenn nicht sogar Ungläubigkeit der Geschichte gegenüber an den Tag legen. Man zitierte einfach die Medien, um zu beweisen, daß einige der Gesichtspunkte für »wahr« gehalten wurden. Zusammengefaßt kann man die Erzählungen aus der Cline Avenue als Beispiel dafür ansehen, wie die Umsiedelung und Aufarbeitung des Materials einen alten Mythos mit völlig neuen Eigenschaften versehen kann. Das schließt nicht die Möglichkeit aus, daß gleiche Bedingungen an verschiedenen Orten die gleiche Geschichte entstehen lassen können, auch wenn die Bewohner niemals in direkten Kontakt zueinander treten. Die gemeinsamen Faktoren sind in diesem Fall der Glaube an übernatürliche Wesen, die menschliche Gestalt annehmen können, sowie ein allgemein gebräuchliches Transportmittel, wie zum Beispiel Pferd, Wagen oder Auto. Nach Lang beweist die Vielzahl ähnlicher Geistergeschichten in der ganzen Welt nicht notwendigerweise ihre fiktionale Natur. Im Bezug auf den Poltergeist würde er zum Beispiel sagen, daß die Anzahl vergleichbarer Berichte weder etwas über die Verbreitung, Ortsveränderung oder Unabhängigkeit der Schöpfungen aussagt, sondern daß Forscher aus aller Herren Länder ein Phänomen zur Kenntnis genommen haben, das überall in ähnlicher Form auftaucht – ein starkes Argument zugunsten seiner Echtheit. Auf dieses Buch angewendet würde diese Theorie besagen, daß man den Phantomtramper als Helden einer verbreiteten Geschichte sehen muß, die von vielen Erzählern bei vielen Gelegenheiten zusammengebraut wurde, oder aber auch als eine Art psychische Reaktion, die sich in mehr oder weniger derselben Form auf der ganzen Welt wiederholt.

Professor Jan Harold Brunvand schreibt in seiner ausführlichen Studie über »Stadtlegenden« (wobei der verschwindende Tramper als eine Art Schlüsselfigur des Genres auftritt), daß viele verschiedene Texte als Beweis gegen die Wahrhaftigkeit der einzelnen Geschichte verwendet werden können: je mehr verschiedene Variationen es von einer »wahren Geschichte« gibt, desto geringer ist die Wahrscheinlichkeit, daß sie wahr ist.[31] Es ist wohl eine Tatsache, daß die meisten Tramper das Ergebnis ihrer Verbreitung sind, ihre ursprüngliche Form in der bereits bekannten Weise immer wieder neu verändert wurde und sie dennoch immer wieder für neu, ursprünglich und einzigartig gehalten werden.

Es ist nur natürlich, daß es eine so große Anzahl Geistergeschichten aller Arten gibt, denn das Volk läßt gute Geschichten kaum in Vergessenheit geraten. Da ja niemand diese Geister wirklich ernst nimmt, bieten sie uns willkommenes Material, wo immer und wann immer wir uns im Bereich des Übernatürlichen bewegen. Mehr noch, es gibt ein stillschweigendes Einverständnis, daß die Grundstruktur einer Geschichte wichtiger ist als die Einzelheiten, wie zum Beispiel Namen, Daten oder Orte. Diese Details können verändert werden. Zusammenfassend kann man sagen, daß die beinahe alles umfassende Macht der modernen Medien viel zur Verbreitung und Wiederbelebung der Geschichten beiträgt; und dies auf eine Art und Weise, die nicht zu vergleichen ist mit der hauptsächlich mündlichen Überlieferung früherer Jahrhunderte.

Es gibt nichts, was den Wert einer Geschichte so sehr steigert wie der Hinweis, daß sie sich an einem Ort zugetragen hat, der den Zuhörern bekannt ist. Beardsley und Hankey stellten fest, daß es eine der Hauptgemeinsamkeiten der Trampermotive ist, daß sie sich immer auf einen bestimmten Ort beziehen, »ein Kunstgriff, um das Publikum zu begeistern und die Wirksamkeit der Erzählung zu steigern«.[32] Noch besser für das Ansehen – sowohl der Geschichte als auch des Erzählers – ist die Behauptung, daß »es mir passiert ist«, oder zumindest jemandem, den der Erzähler persönlich kennt.

In dreizehn der neunundsiebzig Berichte von Beardsley und Hankey erlebte ein Freund des Erzählers die Begegnung, in zwei anderen Fällen waren es Verwandte.

Es ist schwer zu sagen, ob und wie ernst man den Erzähler nehmen soll, wenn er beteuert, daß die Geschichte wahr sei, weil sie ein Freund selbst erlebt hat – oder, was noch häufiger vorkommt, der Freund eines Freundes (Rodney Dale spricht in seiner Untersuchung »wahrer«, aber höchst unwahrscheinlicher Geschichten spöttelnd von einem »Trick«[33]). Aber erzählte Geschichten haben ebenso wie geschriebene ihre eigenen Regeln. Aus Gründen der Höflichkeit oder vielleicht auch aus psychologischen Ursachen neigen wir dazu, die gelegentlichen Versuche, die Gültigkeit dieser Geschichten zu untersuchen, weniger kritisch zu betrachten. Im Grund geht es uns vor allem um die Geschichte. Deshalb muß der Erzähler versuchen, den Eindruck zu verstärken, daß alle Ereignisse, von denen er spricht, tatsächlich stattgefunden haben. Am Ende einer Geschichte findet man daher häufig eine Bemerkung, die wie eine Art Garantie die Wahrheit der Geschichte bestätigt. Der Erzähler bedient sich dazu oft der Schilderung der Nachwirkungen, die das Erlebnis auf den Fahrer hatten (er wird verrückt, stirbt usw.). Oder er bezieht sich auf Zeitungen, die diese Geschichte gedruckt haben. Wir, die Zuhörer, können die Geschichte je nach Belieben verwerfen oder glauben. Für den Erzähler gilt ebenso wie für die Zuhörer ein Ausspruch von Mark Twain, den er unter ähnlichen Umständen geäußert hat: »Es wurde mir als Tatsache erzählt. Ich erzähle es genauso weiter. Ich glaube es. Ich kann alles glauben.«[34]

Ein Schritt über die Volkskunde hinaus?

Betrachtet man nur das Verhalten des Geistes, das heißt nur das, was er tut, und die Erscheinungsform, die er annimmt, dann kann man beinahe jede seiner Erscheinungen auf die Volkssage zurückführen. So gibt es zum Beispiel für die Fälle, in denen es um eine »Krise« oder einen »Todesfall« geht, immer dann also, wenn die Erscheinung eine Kommunikation zu jemandem herstellt, der sein irdisches Dasein bereits lange vor der Zeit des Zeugen beendet hat, eine solche Fülle von Belegen, daß man diese Fälle nicht nur als Hirngespinste des Volkes ansehen darf, das sich nun mal gerne Phantome einbildet. Man sollte darin vielmehr die Gültigkeit des ganzen paranormalen Bereichs sehen.[35] Die Fülle von Kreuzverhören und nachträglichen Bestätigungen zeigen, daß diese Erscheinungen mehr sind als nur unterschiedliche und immer wieder erneuerte Volkserzählungen. Lang würde sicherlich zustimmen, wenn man sagen würde, diese Geschichten sind eher zufällige, aber immer wiederkehrende Ereignisse, die an allen Orten und zu allen Zeiten getreulich festgehalten werden. Kurz gesagt, es handelt sich um beglaubigte Tatsachen.

Lange bevor die psychische Forschung sie klassifiziert hat, waren diese Krisenerscheinungen bereits altbekannt. Das machte aus dem Motiv eine lohnende Betätigung für den Volkskundler. So verfolgte Lang die Spur des Todesphantoms 700 Jahre in die Vergangenheit zurück, bis hin zu einer Erzählung von William von Malmesbury.[36] Der eine oder andere besteht vielleicht darauf, daß diese nicht zu leugnende Tradition lediglich aus Aufarbeitungen eines altehrwürdigen Materials besteht. Die Beweise, daß die Geister tatsächlich in Beziehung mit weit entfernten oder lange vergangenen Tragödien stehen, von denen die Zeugen sehr wahrscheinlich keine Ahnung haben, sind kein Ersatz für den *objektiven* Beweis, daß diese Leute tatsächlich einen Geist gesehen haben. Oftmals wird vom Leser verlangt, diese Geschichte zu akzeptieren, und zwar lediglich deshalb, weil die Nachforschungen ergeben haben, daß die Tragödie, die das Erscheinen eines Geistes hervorrufen kann, tatsächlich stattgefunden hat. Aber das ist natürlich ein gedanklicher Zirkelschluß. Für einen wirklichen Skeptiker ist dieses Argument lediglich ein erzählerischer Schnörkel, der an das Ende einer Geschichte angefügt wird, um ihr einen Hauch von Authentizität zu geben, vergleichbar mit mündlich erzählten Geschichten, in denen Zeitungsartikel zitiert werden, um zu beweisen, daß sie »tatsächlich passiert« sind.

Dank der großen Fülle von Forschungsmaterial besteht wohl keine Gefahr, daß diese Krisenerscheinungen ihren Platz in den Jahrbüchern der Parapsychologie verlieren. Es ist aber unwahrscheinlich, daß der Phantomtramper diese Position einnehmen wird, denn die Volkskunde entmutigt jeden, der versucht, auf einer solch unwahrscheinlichen Geschichte zu beharren. Professor Brunvand meint dazu: »Obwohl Erzähler und Zuhörer glauben, daß es sich um wahre Begebenheiten handelt oder zumindest um Ereignisse, die auf tatsächlichen Begebenheiten beruhen, gehören diese Legenden unzweifelhaft in den Bereich der Volkssage... Es ist erstaunlich, daß es außer Volkskundlern und Journalisten immer wieder Leute gibt, die sich für die angeblichen Quellen interessieren und versuchen, die Spur

zurückzuverfolgen – immer nur ein paar Schritte, bis sie unvermeidlich in einer Sackgasse landen.«[37]
Aber was wäre, wenn sich herausstellen sollte, daß die Sackgasse durchaus nicht unvermeidbar ist? Nehmen wir für einen Augenblick an, daß die ganze Forschung zu einem Ziel führen *würde* – sich wirklich ein richtiger, glaubwürdiger Zeuge finden *ließe*, die Polizei die normalerweise sehr zweifelhaften Anspielungen der Presse bestätigen oder man gar offizielle Berichte über das Phänomen erhalten würde? Es ist klar, daß wir niemals in der Lage wären, diese Möglichkeiten in Betracht zu ziehen, wenn die Forschungen, die Professor Brunvand im Sinn hat, nicht abgeschlossen sind. Und selbst wenn dem so wäre, muß man davon ausgehen, daß die Angewohnheit zu lügen tiefer im Menschen verwurzelt ist, als selbst die pessimistischsten unter den Berichterstattern annehmen, und daß die Lügenmärchen von dem Tramper international verbreitet sind. Andererseits kann man davon ausgehen, daß einige Vorfälle schlicht erfunden wurden, um der beachtlichen Anzahl fiktionaler Geschichten über das gleiche Thema Konkurrenz zu machen.
Ein Vergleich zwischen den Charakteristiken, die Beardsley und Hankey aufgestellt haben, mit den Daten neuerer Berichte (aus den 70er Jahren) zeigen einige bedeutende Unterschiede zwischen den Phantomtrampern der Volkserzählungen und den angeblichen Tatsachenberichten. Der Tramper der Volkserzählungen verbindet sein Verhalten stets mit einem bestimmten Zweck. Er kehrt in die Welt der Lebenden zurück, etwa um an dem Ort zu spuken, an dem sein tragischer Unfall stattgefunden hat, und er gibt dem Zeugen genug Material, damit dieser seine Identität herausfinden kann (wobei die Bedeutung des Straßenabschnitts deutlich gemacht wird). Wie wir im vorhergehenden Kapitel festgestellt haben, fehlt in einigen Geschichten aus den 70er Jahren dieses logi-

Professor Jan Harold Brunvand von der University of Utah – auf unserem Photo ohne Brille – sieht den verschwindenden Tramper in der Reihe der klassischen Stadtlegenden, in denen das Auto eine große Rolle spielt.

(Photo mit freundlicher Genehmigung von Professor Brunvand)

sche Muster; die Geister von Nunney oder Stanbridge erschienen und verschwanden wieder, ohne auf eine Absicht oder ein Motiv hinzuweisen. Ihre Verbindung mit einem Unfalltod bleibt reine Vermutung. Diese Geschichten, die einen offenen Schluß haben, führen nicht zu einer »Erklärung der Eltern«, denn der Fahrer hat keine Informationen bekommen, die ihn zu irgendeinem hilfreichen Verwandten führen. Diese Fälle sind eher verwandt mit solchen, die wir aus der psychischen Forschung kennen und bei denen der Geist oftmals nur einen einmaligen und unerklärlichen Auftritt hat. Wenn wir darauf bestehen, daß diese Geschichten trotzdem der Volkssage angehören – und auf Grund von unvorhergesehenen Faktoren unvollständig und ohne die typischen Einzelheiten vorkommen –, dann ist es notwendig, gerade wegen der untypischen und der »unvorhergesehenen« Faktoren eine Definition zu fordern. Denn die Fragen, wie die Identität des Mitfahrers enthüllt wird und ob er wirklich ein Nichtlebender ist, gehören zur Geschichte des Trampers – ja sind vielleicht sogar die wichtigsten Punkte.

Es wäre dumm, anzunehmen, daß Unvollständigkeit als Beweis für die Wahrhaftigkeit einer Geschichte angesehen werden kann. Der Fall des verstümmelten Geistes von der Cline Avenue zeigt, daß das Fehlen einer Adresse oder der Identifikation auf lokale Umstände zurückgeführt werden kann. Auch wenn andere Hinweise vorhanden sind, sollte man dieser Vernünftelei nicht nachgeben.

Hier noch ein weiterer wichtiger Unterschied: »Der verschwindende Tramper ist immer und ohne Ausnahmen weiblich«, stellen Beardsley und Hankey fest.[38] Diese Behauptung entspricht ihrer Sammlung: 47 Mädchen, 14 alte Frauen (oft Prophetinnen) und 14 andere, die entweder zur ersten oder zweiten Gruppe gehören. Männliche Gegenstücke finden sich lediglich in den Geschichten der Version B (nach Beards-

ley und Hankey). Ohne unmittelbar einsichtigen Grund erscheinen sie wesentlich regelmäßiger, wenn die Geschichte als Tatsachennachricht aufgemacht ist. Dann werden Kleidung und Accessoires wichtig. Man denke nur an die unpraktische Bekleidung des Mädchens, deren Abendgarderobe und Flatterkleid so gar nicht zu den Bedingungen der Nacht passen. Die Autoren ziehen daraus den Schluß, daß die Schutzlosigkeit des Mädchens dem Autofahrer als Anlaß dient, anzuhalten und es mitzunehmen. Weiter könnten sie sagen, daß die unpassende Kleidung als eine Besonderheit »das Vergnügen des Erzählers am Spiel mit seinem Material« zeigt.[39] Die modernere Kleidung in anderen Beispielen bedeutet jedoch keine Mißachtung dieses Aspekts. Einige Tramper tragen sogar wasserdichte Übermäntel.
Andere Einzelheiten der Beispiele von Beardsley und Hankey unterscheiden sich nicht so grundlegend und kennzeichnend von dem, was man so gemeinhin für richtige Trampergeschichten hält. Im Gegensatz zu der Anonymität der Zeugen, auf die wir bereits weiter oben hingewiesen haben, geben einige neuere Zeitungsberichte (wie in den meisten Nachrichten) sowohl Name, Alter als auch die Adressen der beteiligten Personen an und ermöglichen es dadurch der Nachforschung, diese Beteiligten ausfindig zu machen.
Und schließlich müssen wir uns noch mit der Schlußbekräftigung beschäftigen. Skeptiker mögen die polizeiliche Untersuchung der Phantomtrampergeschichten als literarische Floskel abtun, als weiteren erzählerischen Trick, um einen zusätzlichen Hauch von Authentizität zu erreichen. Die Tatsache, daß die Polizei nichts findet, läßt den Vorfall um so übernatürlicher erscheinen. Auf der anderen Seite ist es aber nicht abzustreiten, daß die Polizei eigens Berichte angefertigt hat, scheinbar in gutem Glauben, obwohl es sehr unwahrscheinlich ist, daß sie dadurch eine Aufklärung der angebli-

chen Begegnungen hoffte erreichen zu können. Es gibt polizeiliche Stellungnahmen in Berichten, die aus so weit voneinander entfernten Orten wie Nunney, Blue Bell Hill und Stanbridge (Großbritannien), Uniondale (Südafrika) und Montpellier (Frankreich) stammen. Wenn das für Witzbolde mit einem seltsamen Sinn für Humor ein Beweis ist, müssen wir nochmals betonen, daß sie eine internationale Vorliebe für Komödien teilen und die Polizei weltweit an diesem Scherz teilnimmt, wenn sie diese Geschichten für bare Münze nimmt.[40] So unergiebig diese Nachforschungen auch sein mögen, so zeigt doch allein die Tatsache, daß man sie anstellt, daß die Einmischung der Polizei nicht nur der spitzen Feder der Journalisten entsprungen ist oder die Erfüllung einer üblichen Regel ist, die diese Schlußwendung von dem Erzähler verlangt.

Diese Unterschiede mögen vielleicht unbedeutend erscheinen, sie zeigen aber verschiedene geheimnisvolle Entwicklungen in der langen Geschichte des Phantomtrampers. Eine neue Form der mündlich überlieferten Version hat sich entwickelt, unvollständig und mit offenem Ende. Der Geist legt nun Wert auf seine Glaubwürdigkeit und trägt darum die passende Kleidung. Gleichzeitig versuchen aber einige gewitzte Leute immer noch, die Zeit der Polizei mit Volkserzählungen, die sie als eigene Erlebnisse verkaufen, in Anspruch zu nehmen. Einige dieser angeblichen Vorfälle beruhen sicher auf einem sehr geringen Maß an tatsächlichen Ereignissen.

Die Rolle der Presse

Die meisten von uns kennen den Phantomtramper aus kleinen Zeitungsartikeln. Es steht uns natürlich frei, an sie zu glauben oder nicht, aber für jeden, der die Angelegenheit weiterverfolgen will, erhebt sich die Frage: Wieviel von dem, was wir in den Zeitungen lesen, *dürfen* wir glauben?
Die Journalisten bieten Zynikern eine gute Zielscheibe. Sie werden der Tatsachenverschleierung, der Parteilichkeit, der Skrupellosigkeit und der Verschlagenheit beschuldigt – und damit ist die Liste der Anschuldigungen noch keineswegs erschöpft. Dieser vorherrschende Ruf des ganzen Berufszweiges ist sicherlich nicht berechtigt. Journalisten arbeiten meist mit Tatsachen (sieht man von einigen eher gefühlsmäßigen Kritiken ab), und zwar mit Tatsachen, so wie sie sie sehen. Natürlich kann zwischen der Tatsache an sich und der Tatsache, wie der Journalist sie sieht, ein großer Unterschied bestehen. Das führt bisweilen zu Mißverständnissen. Außerdem trifft es zu, daß nicht nur Nachrichtenjournalisten dazu neigen, übernatürliche Geschichten ziemlich nachlässig zu behandeln – die Geistergeschichte gehört in den Unterhaltungsteil. »Sensationsgeschichten« erscheinen gelegentlich schon als abgeschmackt. Journalisten mit einem ausgeprägten Sinn für Humor könnten einige dieser sogenannten »Zeitungsenten« als wahre Geschichten in Umlauf bringen (zumal einige dieser Enten durch die großen Presseagenturen weitergeleitet werden). Diese gedruckten Berichte verstärken den Glauben, daß diese Geschichten wahr sind.
Selbst wenn in einem Zeitungsbericht über einen Spuk nicht alles wortwörtlich wahr und richtig ist, so bringt er doch Forscher manchmal auf die Idee, daß doch irgend etwas Ungewöhnliches vorgehe, etwas, das vielleicht gerade in sein Gebiet fällt. Die einzige vernünftige Art, mit der Angelegen-

heit umzugehen, ist die, den Zeitungsartikel als Orientierung zu benutzen und zu versuchen, selbst das richtige Maß an Fiktion und Wahrheit herauszufinden. Die Tatsachen imitieren oft auf lustige Art und Weise die Fiktion: Teile von toten Mäusen winden sich in Colaflaschen, wie für eine Sensationsmeldung. Bedeutet das, daß unsere Geschichte auf alten Tatsachen beruht, oder aber daß sie von Witzbolden erfunden wurde?[41]

Auch ist die Presse nicht gerade in alte Nachrichten »verliebt« – wie vielleicht mancher Außenstehende meint –, denn das wäre, zumindest was den modernen Journalismus betrifft, ein Widerspruch in sich selbst. Wenn der Phantomtramper nur eine neuaufgemachte Geschichte ist und nicht mehr, wieso hat dann die Presse diesen Irrtum nie bemerkt? Ist es naive Unwissenheit oder (was weit schlimmer wäre) bewußte Unwissenheit?

Viele Forscher aus dem Bereich der Psychologie hegen eine gesteigerte Vorsicht allem gegenüber, was in den Zeitungen erscheint. Dabei glauben sie jedoch nicht, daß die Journalisten unfähig sind, solche Sachen ohne Übertreibung und Pathos zu schildern. Obwohl es manchmal wichtig ist, daß in den Geschichten, die die Leute interessieren, Geister vorkommen, heißt das nicht, daß Elemente der Bekräftigung automatisch jede Art von Angriff beseitigen. »Wir benützen diese Geschichten als Salz in der Suppe«, erzählte mir ein Journalist, als wir beide (aus unterschiedlichen Gründen) an einem typischen Fall von Geisterseherei arbeiteten.

Die Sensationsmache bei der Darstellung von Spukgeschichten, Poltergeistern und ähnlichem ist normalerweise das Ergebnis von Vereinfachungen und viel weniger von Erfindungen einiger Einzelheiten oder künstlicher Ausschmückungen. Ein Schritt oder »Kniff« hierbei ist die Auswahl ganz bestimmter Zitate. Das kann in einer Geistergeschichte die

direkte Stellungnahme eines Zeugen sein, als mehr oder weniger unabhängige Bekräftigung zur Abrundung de Bildes. Auch in diesem Punkt muß man vorsichtig sein, wenn man den Journalisten der Tatsachenentstellung beschuldigt. Diese Haltung ist vielleicht unvermeidbar, wenn man die Situation meistern will. Die Forschung kennt das Problem, das sich stellt, wenn der einzige Zeuge oder die einzigen Zeugen gerade die Menschen sind, die direkt in den Vorfall verwickelt waren (sowohl emotional wie auch physisch). Der Befrager, der selbst weit davon entfernt ist, »selbst etwas zu sehen«, hat wenig konkrete und überhaupt keine objektiven Mittel, den Bericht auf seine Wahrheit hin zu überprüfen, denn es gibt keine objektiven Kriterien, die beweisen, daß der Vorfall, den ein Zeuge erzählt, genau so stattgefunden hat.
Können wir einem Journalisten einen Vorwurf machen, der sehr wenig Zeit zur Verfügung hat und sich bei einer Phantomtrampergeschichte einfach auf das Wort des einzigen Zeugen beruft und ohne Kommentar die Aussagen dieses Zeugen zitiert? Dies ist zumindest eine direkte und spannende Art, eine Geschichte zu schreiben, mit dem gewaltigen Vorteil, den alle »Es ist mir selbst passiert«-Berichte besitzen, was immer sie auch verfälschen mögen. Zeitungsberichte über den Tramper geben beinahe immer die Tatsachen so wieder, *wie sie der betroffene Autofahrer sieht.* Zusätzliche oder präzisierende Beweise kommen höchstens von einem Polizeibeamten, der bestätigt, daß die Polizei die Angelegenheit ernsthaft untersucht oder daß der Autofahrer nicht betrunken gewesen ist, vielleicht auch noch, daß es in jüngster Zeit ähnliche Berichte gegeben hat.
Wenn man diese Einschränkungen in Betracht zieht und nicht die Tatsache außer acht läßt, daß die Zeitungen bei passender Gelegenheit gern alte Geschichten wieder aufwärmen, sie nur auf den jeweiligen Ort zurechtschneidern und die Namen der

beteiligten Personen ändern, dann kann man diese veröffentlichten Berichte als Indiz dafür nehmen, daß etwas vor sich geht. Es ist unwahrscheinlich, aber nicht unmöglich, daß in *einigen* der beschriebenen Fälle, die die Zeugen erlebt haben oder von denen sie *dachten*, sie hätten sie erlebt, die Presse ihre Namen mit den unheimlichen Fällen in Verbindung gebracht hat.

Aber wie genau sind diese Berichte bei der Bearbeitung dieser Ereignisse? Wenn überhaupt, in welchem Stadium erscheinen dann die künstlichen Ausschmückungen und die ganzen weggelassenen, nicht eindeutigen Einzelheiten?

Vielleicht können wir diese Frage nach einer kleinen Reise nach Somerset entscheiden, wo wir uns mit einem Phantomtramper beschäftigen, der die Boulevardzeitungen vor einigen Jahren beschäftigt hat.

3

Ein Ausflug nach Nunney

Ungefähr drei Meilen südwestlich von Frome gelegen, bietet das kleine, aber sehr pittoreske Dörfchen Nunney in Somerset für den Sommerurlauber zahlreiche Attraktionen. Einige dieser Sehenswürdigkeiten, wie zum Beispiel die eindrucksvolle Schloßruine, besitzen einen wirklichen Öffentlichkeitswert.[1] Als im August 1977 die Bewohner des Ortes ein Fest zur Feier des Silberjubiläums von Königin Elisabeth II. vorbereiteten, fuhren alle möglichen Besucher in das sonst recht ruhige Dorf. Die britischen Zeitungen berichteten, daß Nunney von einer Art Panik befallen sei, die ganz gewöhnliche Bürger in Geisterseher und Geisterjäger verwandelt hätte. Oder um noch genauer zu sein: man glaubte, daß ein Phantom »mittleren Alters« auf der Straße nach Frome Autos anhält und dann verschwindet. Das ist, nach der Presse zu urteilen, die ganze Geschichte.

Eine wahrscheinliche Geschichte

Zu einer nicht näher bestimmten Zeit wurde ein zwanzigjähriger Dekorateur, den ich im folgenden Mister Evans nennen möchte, in Frome zum Gegenstand allgemeiner Heiterkeit.

Grund der Belustigung waren die Berichte von seinem nächtlichen Zusammentreffen mit dem Geist auf »der einsamen Landstraße«, die von mehreren Zeitungen aufgegriffen und verbreitet wurde.[2] Er nahm einen Tramper auf der Straße von Nunney nach Frome mit, weil der Bursche so aussah, als ob er trampte. Der Reisende setzte sich auf den Rücksitz, und Evans schloß die Tür. Die einzige Unterhaltung während der Fahrt bestand darin, daß der Tramper immer wieder betonte, wie kalt es sei (eine Bemerkung, die vielleicht auf das Ende der Geschichte hinweist), und einer Frage von Evans, auf die er jedoch keine Antwort erhielt, weil – wie er dann entdeckte – der Mann verschwunden war. *The Weekly News* vom 20. August 1977 gibt uns allerdings zu bedenken, der Fahrer habe vielleicht nicht gehört, wie sich die Tür *unterwegs* öffnete und wieder schloß.
Das Polizeirevier von Frome ist günstig gelegen für jeden, der einen ungewöhnlichen Vorfall auf der Straße von Nunney nach Frome melden will. Der Autofahrer nimmt die erste Kurve nach links, wenn er die Höhe von Gibbet Hill erreicht hat, von wo aus man die Randgebiete der Stadt erreichen kann. Evans begab sich schnurstracks zum Polizeirevier, erzählte seine Geschichte (wie uns ein Journalist berichtete) und mußte einen Alkoholtest machen, obwohl er nichts getrunken hatte. All das wurde später von einem Polizisten bestätigt, der den Zeugen außerdem als »völlig zerstreuten Autofahrer« bezeichnete. Die Untersuchung der Straße ergab nichts. Der ganze Vorfall wäre sicherlich vergessen worden oder ohne weitere Diskussion in den Schatz der Volkssage aufgenommen worden, hätte Evans nicht plötzlich behauptet, ein *zweites* Zusammentreffen der *gleichen* Art, an genau der *gleichen* Stelle unterschlagen zu haben. Dieses zweite Treffen habe einige Zeit später stattgefunden, wie lange danach wurde nicht bekannt. Der Mann habe auf der Straße

gestanden, und bei seinem Versuch, ihm auszuweichen, sei der Dekorateur gegen einen Laternenmast gefahren. Als er aus dem Wagen stieg, war die Unfallursache »verschwunden«.

Wir können inzwischen bereits die Eigenarten des Trampers von Nunney einschätzen – ebenso wie das Fehlen einiger Einzelheiten, die zum besseren Verständnis des Vorfalls beitragen könnten. So bringt zum Beispiel der *Sunday Express* vom 14. August 1977 keine Beschreibung des Mannes/Geistes, ebensowenig nennt er den Ort des Geschehens. Die Tatsache, daß der Laternenmast genannt wird, läßt darauf schließen, daß sich der Vorfall entweder in den Außenbezirken von Nunney *oder* Frome zugetragen hat. Es ist schwierig zu sagen, in welcher der beiden Ortschaften, da wir auch keine Angaben über die Fahrtrichtung des Zeugen haben. Bevor wir uns jedoch mit einigen der Probleme beschäftigen, die beim Vergleich der drei landesweit verbreiteten Berichte entstehen, wollen wir uns erst noch einmal der Geschichte selbst zuwenden.

Das Hauptgewicht lag bei der Berichterstattung des *Sunday Express* nicht auf Evans' Erlebnissen, sondern auf den Gerüchten, der Verwirrung und der Reaktion, die die Geschichte bei der Bevölkerung von Nunney hervorgerufen hat. So hieß es, daß auch andere Leute sich über ungebetene Mitfahrer erschraken, die sich plötzlich auf den Rücksitzen ihrer Autos befanden, wenn sie auf dieser Straße fuhren. Der einzige Beweis für dieses Phänomen kam von dem Beamten Owen Hillier, der erzählte, daß er einfach immer nach hinten schauen muß, wenn er nachts auf dieser Straße fährt, um sich zu vergewissern, daß niemand hinter ihm sitzt. Außerdem erzählte eine sechsundvierzigjährige Frau aus Frome, Valerie McPherson, ganz verstört, daß sie bei einer einsamen nächtlichen Autofahrt »das seltsame Gefühl hatte, als ob noch jemand im Wagen säße«. Sie war zu ängstlich, sich umzudrehen und nachzuschauen, ob ihre Angst begründet war.

Zu dieser Zeit sollen ältere Leute vermieden haben, nach Dunkelheit auf dieser Straße zu Fuß zu gehen. Autofahrer haben angeblich auch lieber eine längere, aber phantomfreie Straße nach Nunney genommen, entweder die A 361 oder die Straße über Lower Wately und Egfort nach Norden. Genau in diesem Stadium stellte der Reporter die Wächter Nunneys vor, die wir bereits in Kapitel eins mit leiser Komik geschildert haben.

Die Organisatoren der Silberjubiläumsfeierlichkeiten hielten scheinbar die Berichterstattung zurück, weil sonst einige Besucher davon Abstand nehmen würden, die Feierlichkeiten zu besuchen. Daraufhin bildete eine Gruppe Ortsansässiger eine Streifpatrouille und installierte Geräuschdetektoren, Kassettenrekorder, Lichtmesser und (nach dem *Sunday People*) sogar ein »Spezialnetz zur Geisterjagd« entlang der Straße, um die Situation in den Griff zu bekommen.

Ron Macey, der Manager einer Baufirma und Sekretär des Festkomitees, wurde besonders hervorgehoben. Er war der Mann, der die Idee hatte, eine Patrouille aufzustellen, da er die gästeabschreckende Wirkung des Geistes begriff. (»Deshalb beschloß ich, Patrouillen zu bilden, um die Wurzel des Übels zu finden.«) Er selbst verhielt sich auf der nächtlichen Straße sehr vorsichtig, bot aber jedem an, ihn zu besagter Stelle zu fahren. Die einzige Spur, die die Wachen von einer Erscheinung ausmachten, waren die Aussagen zweier Leute, die einen schattenhaften Umriß auf der Straße bemerkt hatten – allerdings bereits ein paar Tage zuvor. Sie dachten, daß es der Geist gewesen sein könnte.

Die *Sunday People* beschränkte sich in ihrer Berichterstattung völlig auf die Wachen (deren Zahl sie mit vierundzwanzig angab) und erwähnte Evans' Erlebnisse kaum. Ferner zitierte sie Macey, dessen Meinung der Situation große Ernsthaftigkeit verlieh, und, was noch besser war, den Superintendenten der Polizei, John Lee, der weitere Vorkommnisse auf der Straße beobachtet hatte. Der Artikel in der *Weekly News* begann mit Evans' erstem Erlebnis. Das zweite, von dem der *Sunday Express* berichtet, erscheint abgewandelt und verändert. Die Polizei hat offenbar einen Unfallbericht bestätigt, wonach sie einen Wagen in einer Hecke gefunden hat, der dort gelandet ist, weil ein ungenannter Fahrer versucht hatte, einem Mann auf der Straße auszuweichen. Das klingt zu sehr nach Evans' zweitem Erlebnis, als daß es Zufall sein könnte. Doch mehr davon später. Ein Element, das allen Geschichten gemeinsam ist, ist die Beschreibung des geheimnisvollen Mitfahrers. Alle Zeugen beschreiben ihn gleich: als einen Mann mittleren Alters in einem karierten Sakko.

Doch nun sind wir auf Vermutungen angewiesen. Da gibt es zum Beispiel die wenig hilfreiche Geschichte von Richter Jeffrey, der seine Verurteilten an dieser Straße hängen ließ, so daß man noch heute in manchen Nächten das Knarren der Galgen hören kann. Steve Moore bemerkt in seiner Zusammenfassung des Falles, daß einige der bei diesem blutigen Gericht Verurteilten karierte Jacken trugen.[3] Doch hätten sie aus diesem Grund noch lange keine Vorliebe für Autos.

Eine Woche nach der Titelgeschichte über Evans' zweifache Begegnung druckte der *Sunday Express* eine geheimnisvolle Schlußgeschichte in Form eines Briefes von einem ehemaligen Lastwagenfahrer, der sich George Gardiner nannte.[4] Wenn er sich dreißig Jahre zurückerinnere, so der Verfasser, dann könne er sich an einen oder zwei seiner Fahrer erinnern, die wohl etwas gesehen hatten, vielleicht denselben Geist, an genau derselben Stelle. Man bedenke, dreißig Jahre...

Am Ende des Monats waren die Gefahren auf der Straße von Frome nach Nunney eher alberner als gespenstischer Natur.[5]

Zweimal innerhalb von zwei Wochen beschwerten sich Autofahrer bei der Polizei. Sie hatten nicht den Geist, dafür aber das menschliche Gegenbild getroffen. David Harrison aus Egfort war äußerst überrascht, als an einem Engpaß, umgeben von hohen Mauern, am Dorfeingang plötzlich etwas Weißes aus den Baumwipfeln herausschaute, etwas, das mit Fäden befestigt war. Und wieder wandte sich die Presse an Superintendent Lee, um nähere Auskünfte zu bekommen. Dieses letzte Phänomen führte zu keinen weiteren Diskussionen, da sich herausstellte, daß der »Geist«, den Harrison gesehen hatte, ein weißes Leintuch war. Auf dieses Leintuch hatte man mit schwarzer Farbe ein grinsendes Gesicht des angeblichen Geistes gemalt. Superintendent Lee ließ die Schöpfer dieser Erscheinung nicht im ungewissen über seine Auffassung von ihrer Handarbeit. Er meinte, daß die Polizei diese Angelegenheit durchaus von der lustigen Seite her sehen könnte, der Spaß aber seine Grenzen habe. Selbstgemachte Phantome, die Autofahrer die Kontrolle über ihre Wagen verlieren lassen, seien keine witzige Sache, und er wünsche, daß die Verantwortlichen diese Warnung beherzigen. Das war dann wohl auch der Fall, denn es gab keine weiteren Berichte über Pseudogeister, ebensowenig wie über das ursprüngliche Phantom.
An dieser Stelle können wir die Veröffentlichungen über die Spukstraße auf sich beruhen lassen und uns überlegen, ob das Grinsen auf dem Gesicht des künstlichen Geistes gerechtfertigt war oder nicht.

In den Fußstapfen des Phantomtrampers

Die Polizei von Frome ist eher gewöhnt, Augenzeugenberichte über UFOs als über Phantomtramper zu hören – zweifellos ein Vermächtnis von Arthur Shuttlewoods zahlreichen Büchern über außerirdische Aktivitäten über der Gegend von Warminster. Trotzdem erfuhr ich bei einem Besuch des Schauplatzes, wo der Spuk stattgefunden haben soll, ungefähr drei Jahre nach der oben behandelten Titelgeschichte, daß die Zeitungen in den Berichten der Autofahrer, die die Straße zwischen Nunney und Frome benutzt hatten und von verschwindenden Mitfahrern erzählten, kein Detail verändert haben: es war wirklich passiert, und das mehr als einmal. Der diensthabende Beamte erzählte mir ohne eine Spur von Sarkasmus: »Wir hatten Leute da, die in einem Zustand von wirklicher Hysterie hier ankamen.« Allerdings fügte er schnell hinzu, daß viele der Polizisten oft die »Geisterstraße« nähmen, ohne aber je auf den geheimnisvollen Tramper gestoßen zu sein.

Alle Anzeichen sprechen dafür, daß die Berichte, auf die die Zeitungen angespielt haben, tatsächlich bei der Polizei eingegangen sind, daß es sich also nicht um Versuche von Journalisten handelt, einer unglaublichen Geschichte Glaubwürdigkeit zu verleihen. Was den Inhalt der Berichte dieser verstörten Autofahrer angeht, ist ein anderes Problem. Der Beamte meinte, daß der Spuk auf irgendeine Weise mit dem Galgen zusammenhängt, den es wohl tatsächlich in dieser Gegend gab und an den sowohl der Name eines Hügels als auch eines Bauernhofs erinnert. Er war nicht begierig auf die Bekanntschaft mit Richter Jeffrey – dieser hundertprozentige Gentleman passe doch alles in allem nicht so recht in diese Ecke von Somerset.

Jenseits des Galgenbergs fällt die Straße von Nunney nach

Der Autor nimmt eine ähnliche Pose ein wie der Tramper von Gibbet Hill, dem Galgenberg; der Name des Ortes wird bei der Behandlung des Falls von Nunney immer wieder vorkommen.
(Photo von Sheila Donaghy)

Frome ab und wird eine idyllische Landstraße, die von Hecken gesäumt ist. Trotzdem ist sie keine nette kleine Nebenstraße, wie die Zeitungen schreiben. Starker Verkehr in beide Richtungen fließt mit hoher Geschwindigkeit durch diesen Engpaß, und man sieht schnell ein, daß dies ein Grund dafür ist, daß jeder Fußgänger nachts die Stelle meidet, selbst wenn man von möglichen Zusammenstößen mit Geistern absieht. In Nunney selbst kam mir eine kurze und verwirrend undeutliche Geschichte zu Ohren. Diese Geschichte brachte den Tramper mit dem Geist eines amerikanischen Dienstmannes in Verbindung, der bei einem tragischen Autounfall ums Leben gekommen war. Diese Vermutung war so formuliert, daß man annehmen mußte, der Sprecher gebe sie nur so weiter, wie er es selbst gehört hatte. Alles deutete darauf hin, daß die Anwohner wegen der Identität des Geistes ziemlich verwirrt waren. Diese Eindrücke, und vielleicht auch die der Presse, könnten von einigen früher publizierten und mündlich geäußerten Vermutungen über diesen Aspekt der Geschichte herrühren.

Ein guter Leitfaden zur Anfangsgeschichte dieser sagenumwobenen Legende findet sich in dem Buch *Local Ghosts True Stories, Odd happenings* von Margaret Royal und Ian Girvan.[6] Dieses Buch führt uns noch tiefer in die Topographie der Gegend, da die Vorfälle – man beachte die Mehrzahl – anscheinend auf der Straße von Nunney nach Critchill stattgefunden haben. Der Phantomreisende soll gebeten haben, daß man ihn zu einem Ort mitnähme, der in keinem der bisher untersuchten Berichte erwähnt wird. Diese Variante ist recht interessant, da man davon ausgehen kann, daß einer oder sogar beide Autoren ihre Version der Geschichte aus berufenen Quellen haben. Critchill ist der Name jenes Landstriches, auf dem sich der Galgenberg befindet. Dort hat die Ordonance Survey Sheet ST 74 ein Bauernhaus gemietet. In einer kurzen Einleitung berichten Royal und Girvan, daß drei Autofahrer zu später nächtlicher Stunde einen Mann aufgelesen haben (getrennt natürlich), der nach Nunney Catch wollte, einem kleinen Flekken im Süden von Nunney. Jedesmal verschwand er, bevor der Bestimmungsort erreicht war. Einer dieser Vorfälle wurde der Polizei in Frome mitgeteilt, ein anderer kam bei einer Krankenhausbehandlung des betroffenen Fahrers ans Licht.[7]

Es ist überflüssig zu sagen, daß die Autoren keinerlei An-

gabe zu den Namen der drei Opfer machten. Dennoch ist dieser kurze Bericht nicht wertlos. Das Buch, das im Jahre 1976 erschien, gibt einen Hinweis darauf, daß der Phantomtramper von Nunney bereits in das Bewußtsein der ansässigen Bevölkerung eingegangen war, bevor die Presse das Thema aufgriff und über Evans' beunruhigende zweifache Begegnung ein Jahr später berichtete. Der Text beweist ebenfalls, daß die drei Autofahrer das Äußere des Trampers übereinstimmend beschrieben: männlich, zwischen dreißig und vierzig Jahre alt, bekleidet mit einer karierten Jacke.
Nunney scheint damals noch einen weiteren verschwindenden Tramper beherbergt zu haben, und die Geschichten, die vor 1977 kursierten und in denen ein Straßengeist in karierter Jacke vorkam, haben wohl den Stoff für die späteren Versionen der Geschichte geliefert. Das Eingreifen der Polizei scheint die Theorie zu widerlegen, daß es sich nur um leeres Gerede handelte. Offensichtlich gab es offizielle Berichte des Phänomens tatsächlich, und wir haben es nicht mit einem erzählerischen Kunstgriff zu tun, der etwa um der größeren Wirkung willen eingesetzt worden wäre. Um aber jeden wenn auch noch so abwegig scheinenden Beweis zu verfolgen, der die Geschichte eventuell auf eine breitere Tatsachengrundlage stellen kann – natürlich sind diese Beweise nicht hundertprozentig –, muß man auf die Quellen zurückgehen und versuchen, die zwangsläufig weiß gebliebenen Stellen des Berichts zu füllen.
Gute Geschichten haben einen Anfang. Ein Problem bei der Geschichte von Nunney besteht darin, daß es beinahe unmöglich ist, zu bestimmen, wo hier der Anfang ist. Der Höhepunkt in der Karriere des Geistes war im August 1977, als er von einer lokalen Berühmtheit in die Kolumnen dreier überregionaler Zeitungen aufstieg. Dennoch gibt es Gründe anzunehmen, daß bereits früher über seine Aktivitäten be-

richtet wurde (wie uns das Büchlein von Royal und Girvan beweist).
Die Zeitung *Sunday People* berichtete am 14. August 1977, daß die Dorfbevölkerung den Geist wohl schon zwei Jahre früher gesehen hatte (im Jahre 1975). Diese Begegnungen, die Andeutungen aus anderen Quellen nicht bestätigen,[8] werden durch einen kleinen, aber wichtigen Artikel bestärkt, der in der *Bath and West Evening Cronicle* am 14. April 1975 unter dem Titel »Phantomtramper« erschienen ist. Die Geschichte, die Bezüge zu Critchill und Nunney aufweist, erinnert an das Buch von Royal und Girvan. Es ist jedoch nicht davon die Rede, daß drei Autofahrer getrennt in diese Geschichte verwickelt waren noch daß der Tramper eine karierte Jacke trug. Andererseits berichtet dieser Artikel ausführlich über ein festes Element des Mythos von Nunney und erwähnt eine immer wieder vorkommende Hilfskonstruktion: ein erschreckter Autofahrer hat anscheinend einen Unfall dieser Art bei der Polizei gemeldet, und der Schauplatz ist angeblich der Ort der Massenhinrichtungen von Richter Jeffrey. Diese beiden Motive werden durchgehend in allen Berichten über den Fall von Nunney erwähnt.
Man könnte annehmen, daß die Begegnungen aus dem Jahre 1975 oder einem nur geringfügig früheren Zeitpunkt stammen. Der Brief, den Exlastwagenfahrer George Gardiner an den *Sunday Express* schickte und in dem er schrieb, daß zwei andere Angestellte der Avonmouth-Gesellschaft in dieser Gegend ebenfalls einen Geist getroffen hätten, würde den phantastischen Bericht sogar noch weiter zurück in die Vergangenheit versetzen: er würde ihn ziemlich genau *dreißig Jahre* früher ansiedeln. Voraussetzung dafür ist natürlich, daß wir nicht nur glauben, daß die Vorfälle tatsächlich stattgefunden haben, sondern auch, daß es sich um ein und dieselbe Erscheinung handelt. Wir haben es mit der Aussage einer

einzigen Person zu tun, die diese Ereignisse, die vor dreißig Jahren passiert sein sollen, bezeugt hat. Das macht es sehr schwer, uns darauf zu verlassen. Und die Geschichte, die Gardiner anbietet, um den Spuk zu erklären – er meinte, es handele sich um die Auswirkung eines Fluchs, mit dem ein sterbender Radfahrer alle Autofahrer belegt hätte, weil einer ihn von seinem Fahrrad gestoßen hatte –, ist viel zu alt, als daß es sich um den Mann in der karierten Jacke handeln könnte. Dieses Motiv kommt in Straßengeistergeschichten aus allen Teilen Großbritanniens öfter vor und ist nicht unbedingt an einen Tramper gebunden. Hier dient es nur dazu, noch mehr Verwirrung in einen Fall zu bringen, der schon durch die Anspielung auf Richter Jeffrey, einen verstorbenen amerikanischen Dienstmann und einige weitere dunkle Zusammenhänge verwirrend genug ist.
Bleiben wir bei Gardiner. Eine leichte Änderung in seiner Geschichte entstand, als er sie der *Bath and West Evening Chronicle* berichtete. Diese Zeitung verfolgte die meisten Phasen der Geisterjagd von Nunney sehr genau. In einem Artikel vom 23. August 1977 (kurz nach dem Brief im *Sunday Express*) sagte er aus, daß das tödliche Unglück des Radfahrers bereits vor dreißig Jahren passiert sei. Die Aussagen seiner Arbeitskollegen waren jedoch nicht datiert.[9] Der Journalist verglich diese Fakten mit den Vermutungen Owen Hilliers, jenes Beamten, der bereits im ersten Bericht des *Express* erwähnt wird und seit über fünfzig Jahren in Nunney wohnt. Hillier erzählte, daß er schon seinen Vater vom Geist erzählen hörte – und der Vater seines Vaters erzählte ebenfalls schon Geistergeschichten. Da taucht das Phantom von Nunney nur noch um so tiefer in die undurchdringlichen Abgründe der Zeit und der Volkssage ein. Der Autor zog den sterbenden Radfahrer von Gardiner dem Richter Jeffrey vor, da dessen Geschichte eher zu einer Erscheinung im 20. Jahr-

hundert paßt. Hillier erinnerte etwas zögernd an die Legende von einem Mann, der unschuldig wegen Mordes gehängt worden war, fügte aber hinzu, daß es sich auch um eine »Erfindung« handeln könnte.

Morde und Fehlurteile sind nicht unbedingt durchgängige Motive in Trampergeschichten, und wenn wir an dieser Stelle auf sie eingehen, wollen wir nur zeigen, wie schnell sich im Grunde ortsgebundene Geschichten mit diesem Motiv verknüpfen. Die Bemerkung Hilliers bezog sich sehr wahrscheinlich auf eine diffuse Geschichte, in der ein Mann nach Hause kommt und seine Frau ermordet auffindet (er wurde vermutlich dafür gehängt). Dieses Ereignis könnte dazu beigetragen haben, daß ein Ort bei Fordbury Water, nordwestlich von Nunney, »Mördergrube« genannt wurde. Ein Historiker, Michael McGarvie, der sich mit der örtlichen Geschichte beschäftigt, erzählte mir, daß der Name wenigstens 1000 Jahre alt sei und bereits in einem angelsächsischen Dokument erwähnt wurde.[10] Er wüßte allerdings nichts von einer Tragödie, die sich an diesem Orte zugetragen haben soll. Obwohl ein Angestellter der Stadtbücherei von Frome meinte, der Ort sei sehr unheimlich, gibt es keine direkten Hinweise auf einen möglichen Zusammenhang zwischen der Mördergrube und dem Tramper von Nunney.

Trotzdem hat es den Anschein, als sei der Geist von Nunney in der Geschichte des Ortes verwurzelt. Wie bereits erwähnt, flossen in die Zeitungsartikel aus den Jahren 1976/77 ganz nach Gutdünken Anspielungen auf Richter Jeffrey und den Galgen von Frome ein. Der geschichtliche Widerspruch, die Frage, ob eines oder sogar beide Opfer eine karierte Jacke trugen, scheint unbemerkt geblieben zu sein. Wir haben bereits kurz erwähnt, daß Jeffrey nicht unbedingt an Frome gebunden war, da er auch angeordnet haben könnte, daß einige Leute aus der Gemeinde nach dem Urteilsspruch in einem anderen Teil des Landes hingerichtet werden sollten. »Gericht wurde in den größeren Städten abgehalten, die Hinrichtungen fanden dann in den verschiedenen Ortschaften statt«, bestätigte Kingsley Palmer, ein Anthropologe und Sammler mündlich überlieferter Geschichten aus der Gegend um Wessex. Er hatte die Gerichtstätigkeit von Richter Jeffrey nur bis kurz nach der Schlacht von Sedgemoor, am 6. Juli 1685, verfolgt. Er bestätigte, daß historische Tatsachen und Volksglaube nicht immer übereinstimmen, da »die mündliche Tradition dazu neigt, die Ereignisse in einem anderen Licht zu sehen. So erzählt man, daß Richter Jeffrey alle möglichen Orte besucht haben soll, wo er in Wirklichkeit jedoch nie gewesen ist.«[11]

Was unseren speziellen Spuk betrifft, so ist die vermutete Verbindung mit Richter Jeffrey sehr zweifelhaft, dafür hält sich das Gerücht davon um so hartnäckiger. Ein Artikel von Mervyn Hancock, der im *Somerset Standard* erschienen ist und geschrieben wurde, als die allgemeine Geisterjagd ihren Höhepunkt erreicht hatte, liefert uns noch ein weiteres Histörchen von Richter Jeffrey. Es ist nun Sache der Geschichtsforscher, diese Mutmaßungen zu bestätigen oder zu verwerfen. Der Richter soll in der Wirtsstube des *George Inn* in Nunney Gericht gehalten haben. Unter dieser Stube hat der heutige Pächter bei Renovierungsarbeiten einen Karzer entdeckt, in dem verurteilte Rebellen bis zu ihrer Hinrichtung eingesperrt wurden.

Natürlich spukt es im *George Inn,* und von den im Wind knarrenden Galgenstricken redet man wie von einer bekannten Tatsache.[12]

An anderer Stelle kann man lesen, daß Jeffrey seine Opfer entlang der Straße von Frome nach Nunney aufzuhängen pflegte. Auch in dieser Geschichte trifft man auf die altbekannten Galgengeräusche, die immer noch zu hören seien.

In einem bestimmten Stadium der Nachforschung muß man zugeben, daß alle Versuche, den genauen Ursprung des Phantomtrampers festzulegen, kaum Erfolg haben können. Der immer weiter in die Vergangenheit zurückweichende Zeitpunkt vermischt sich ganz nebulös mit der Volkssage. Vielleicht ist dieses Datum auch überhaupt nicht ausschlaggebend. Man könnte auch einfach davon ausgehen, daß eine oder auch mehrere Versionen zu verschiedenen Zeiten im Umlauf waren und daß die Berichterstattung darüber in den Jahren 1976/77 einen Höhepunkt erreicht hat. Es scheint ergiebiger zu sein, sich auf eine spätere Periode zu konzentrieren, und dabei wiederum auf jene zweimalige Begegnung, die einen Autofahrer in Kontakt mit dem Tramper brachte (zweimal), mit der Polizei (auch zweimal) und mit einem Lichtmast (einmal). Es handelt sich um die Erlebnisse Evans', die einzigen, für die wir den Namen eines Zeugen haben und Stellungnahmen aus erster Hand. Selbst in diesem Fall aber gibt es eine Menge Lücken und Widersprüche.

Rückblick auf Evans' Begegnungen

Es wäre eigentlich nötig, die Vorfälle, die Evans erlebt hat, von den anderen Fällen abzutrennen, in denen der Tramper von Nunney eine Rolle spielt. Aber das ist praktisch undurchführbar. Zudem war es mir auch nicht möglich, die Person zu befragen, die am ehesten in der Lage wäre, einiges von dem ganzen Drumherum dieser Vorfälle zu klären – Evans selbst. Das folgende Ergebnis beruht auf bereits veröffentlichtem Material und wurde mit Daten versehen, die von einer Vertrauensperson stammen, die Evans sehr

gut kennt. Dies ist keine ideale Situation – wie man den nächsten Paragraphen entnehmen kann.
Da ich den Satz der Fromer Polizei im Kopf hatte – »wir hatten Leute im Zustand der Hysterie hier« –, war es mir klar, daß Evans nicht der einzige war, der von einem Zusammentreffen mit einem verschwindenden Passagier erzählt hatte. Es ist schwer zu entscheiden, ob er der *erste* war, der diese Behauptung aufstellte, und noch schwieriger ist es zu entscheiden, ob es sich bei ihm um den Fahrer handelt, der sein Auto angeblich in eine Hecke gefahren hat, um einer auf der Straße spazierenden Erscheinung auszuweichen.
Die Episode von dem in die Hecke gefahrenen Auto geht auf Pressemitteilungen über den Fall von Nunney aus der *Bath and West Evening Chronicle* ab dem 14. April 1975 zurück. Ein weiterer Artikel in derselben Zeitung (vom 4. August 1977) berichtet, daß auf diesen Vorfall hin viele Klagen kamen, so viele, daß die Polizei eine Suchaktion auf dieser Straße startete, die allerdings ohne Ergebnis verlief. Der Superintendent wurde im Zusammenhang mit einem verstörten Autofahrer zitiert, der die Polizei darauf aufmerksam machte, daß der verschwundene Tramper aus seinem Auto gefallen sein könnte. Unglücklicherweise besitzen wir nicht den Namen dieses Zeugen. Späteren Zeitungsberichten über dieses Mysterium spielten auf den Vorfall an, und der *Sunday People* wiederholte die Worte von Superintendent Lee in leicht abgewandelter Form. In der Zwischenzeit siedelte Mervyn Hancocks *Somerset Standard* das Ereignis ein Jahr früher an (1976) und bemerkte, daß andere Autofahrer ähnliche Fälle bei der Polizei von Frome gemeldet hatten.
Wir erfahren lediglich, daß ein paar Autofahrer glaubten, den Tramper getroffen zu haben. Doch wo sind sie geblieben? Zudem hört man ausschließlich von der einen Episode, in der ein Autofahrer in eine Hecke fährt, als er versucht, dem

Zusammenstoß auszuweichen. Zu Beginn dieses Kapitels vermuteten wir, daß ein Zusammenhang besteht zwischen diesem Unfall und Evans' Versuchen, dem angeblichen Geist auszuweichen, den er wohl schon einige Zeit vor dem Unfall getroffen hatte. Das Ergebnis dieses Ausweichmanövers war der Zusammenprall mit einem Lichtmast. (Aus Gründen der Genauigkeit möchte ich an dieser Stelle das Ergebnis meiner eigenen Nachforschungen einbringen: es handelte sich *nicht* um einen Lichtmast, sondern um einen *Telegraphenmast.*) Es wäre wohl vernünftiger, davon auszugehen, daß es nicht zwei Wagen gab, von denen der eine in eine Hecke und der andere gegen den Licht- beziehungsweise Telegraphenmast fuhr, weil das Phantom zweimal denselben Trick anwendete, sondern daß es nur einen Wagen gab und der Fahrer hinter dem Steuer dieses Wagens Evans hieß. Doch bei solchen Nachforschungen kann man nie ganz sicher sein. Ein großer Teil der Angelegenheit wäre geklärt, wenn man die genauen Daten von Evans' Doppeltreffen hätte. Man sollte meinen, es wäre nicht besonders schwer, sich diese grundlegenden Informationen zu beschaffen – tatsächlich sind sie jedoch so schwer zu greifen wie das Ungeheuer von Loch Ness.

Es gibt Gründe für die Annahme, daß der Unfallteil der Geschichte aus dem Jahre 1977 stammt,[13] während der typischere Teil, in dem Evans den verschwindenden Mitfahrer aufliest, zeitlich vom ersten getrennt ist. Der *Sunday Express* meinte, beide Fälle seien in der jüngsten Vergangenheit passiert. Liest man den Artikel jedoch noch einmal sorgfältig durch, so stellt man fest, daß diese Logik auf der Tatsache beruht, daß eine Zeitung niemals »alte Nachrichten« bringt – daß sie nur Ereignisse abdruckt, die in allerjüngster Zeit passiert sind. Es sieht so aus, als wäre die Neuigkeit aus Nunney im Grunde schon älter. Vielleicht haben nur die Festlichkeiten des Silberjubiläums während der Geisterjagd

etwas frischen Wind in die Geschichte gebracht. Das Jubiläum kann zeitlich genau für die erste Augustwoche des Jahres 1977 festgesetzt werden. Doch nicht nur das: Man vermutete sogar, daß Evans' zweite Begegnung im März 1977 stattfand, während die erste, die weitaus typischere, einen zeitlichen Abstand von zwei Jahren von der zweiten hatte.[14]
Neben den Problemen der zeitlichen Datierung stellen sich auch die der Ortsbestimmung: *wo* könnten die Ereignisse stattgefunden haben?
Die Analyse verschiedener Presseartikel bringt nicht viel mehr Licht in die Angelegenheit. Dem Pressematerial nach zu urteilen, scheint sich der Geist nicht an den Grundsatz des Volksglaubens zu halten, demzufolge Geister immer an gut beschriebenen Orten spuken. Der Geist von Nunney reist entweder von Frome nach Nunney oder umgekehrt, je nach Lust und Laune. In der Version von Royal und Girvan hat er sogar noch ein anderes Ziel (Nunney Catch). Mein persönlicher Informant enthüllte außerdem, daß der Geist den Wunsch geäußert hat, Evans möge ihn nach Badcox fahren, einer Kreuzung von acht Straßen, mitten in Frome, die in völlig entgegengesetzter Richtung liegt. Und schließlich sprach der *Somerset Standard* vom Geist von Three Ponds Hill, einer leichten Anhöhe an der Straße, die aus Nunney herausführt. Ein Anwohner, der im folgenden vorgestellt wird, bejahte, daß dieser Ort der Schauplatz des ersten Vorfalls sein soll.
Die Episode, die damit endet, daß ein Wagen gegen einen Licht- bzw. Telegraphenmast (oder in eine Hecke) fährt, könnte mit diesem Ort in Verbindung gebracht werden. Wir haben gelesen, daß der Grund, weshalb Evans die Kontrolle über sein Fahrzeug verlor, darin lag, daß er den Tramper zum zweitenmal an derselben Stelle antraf. Leider erzählt die *Bath and West Evening Chronicle* in ihrer Ausgabe vom 4. August

Die Dorfeinfahrt von Nunney: ein weiterer möglicher Standort des Phantomtrampers?

(Photo von Sheila Donaghy)

1977 etwas anderes, nämlich daß der Unfall sich in der Gegend von Frome zugetragen habe. Was machte der Geist von Three Ponds Hill so weit von seinem ursprünglichen Standort entfernt? Die Schlußfolgerung, die wir aus alldem ziehen können, lautet, daß es nicht nur unmöglich ist, die Vorfälle mit einiger Zuverlässigkeit zu datieren, sondern daß es ebenso schwer ist, den Ort zu bestimmen, an dem sie sich zugetragen haben.

Es bleibt ein ungeklärter Rest, der sicherlich nur wenige Parapsychologen befriedigen würde, denn sie lieben präzise, nicht zu diskutierende Tatsachen. Irgendwo auf dieser ungefähr fünf Kilometer langen Straße, irgendwann zwischen

1975 und 1977, behauptet Evans, habe er einen nicht näher beschriebenen männlichen Tramper aufgelesen, der dann in der Folge verschwunden sei. Vielleicht im Jahre 1977 (und sicherlich vor August), sah er angeblich dieselbe Erscheinung noch einmal – vielleicht an derselben Stelle, vielleicht aber auch nicht – und verursachte deshalb einen Unfall.
Wäre Evans nicht zur Polizei gegangen, um eine Meldung über den ersten Unfall zu machen, und hätte die Polizei nicht gemerkt, daß an der Sache etwas Wahres dran sein mußte, könnte man dieses Nachspiel als eine Entschuldigung für verkehrsgefährdendes Fahren betrachten. Hier liegt der Widerspruch, der große Ähnlichkeit mit dem Fall von Montpellier hat: ungeachtet der Fehler in der Geschichte des Zeugen, wie wir sie aus den Zeitungen kennen, spricht die Tatsache, daß Evans die Polizei über sein beinahe unglaubliches Abenteuer aufgeklärt hat, dafür, daß er selbst an den Phantomtramper glaubt. Die Polizei bestätigt, daß er nicht der einzige war, der eine solche Geschichte erzählt hat – was beweist, daß auch andere Autofahrer daran glaubten.

Die Wachen von Nunney

Die im Fall von Evans beschriebenen Fakten zweimaliger Begegnung sind in ihrer Widersprüchlichkeit sehr verzwickt. So bietet uns die Darstellung, was es wirklich mit den Geisterpatrouillen während der Silberjubiläumsfeierlichkeiten auf sich hatte, eine gewisse Erleichterung. Wenn der Phantomtramper durch die Polizeiberichte und Evans' Erlebnisse etwas an Glaubwürdigkeit gewinnt, dann wird durch die ungewöhnliche und bemerkenswerte Reaktion des Festkomitees noch mehr aufgewertet. Egal, wie dunkel einige Aspekte

der Geschichte sind, der Leser ist angesichts der Aktivitäten eines integren und verantwortungsbewußten Komitees eher geneigt zu glauben, daß ernst zu nehmende Dinge in dieser ruhigen Ecke von Sommerset vor sich gingen.
Ron Macey war anscheinend die Hauptquelle einiger beunruhigender und belustigender Zitate, mit denen die lokalen und überregionalen Zeitungen ihren Lesern zu verstehen gaben, daß die umwälzenden Ereignisse von Nunney auf die Bedrohung durch einen Geist zurückgingen. Macey wird als der Koordinator der Patrouillen vorgestellt; ein Mann, der glaubte, daß das Komitee eine Antwort auf den Spuk finden müsse, bevor das Dorfleben noch mehr in Mitleidenschaft gezogen werde. Seine Bemerkungen und Überlegungen gelangten über die *Bath and Evening Chronicle* in die Spalten der *Weekly News.*[15]
Die Geisterpatrouille war eine halb lustige, halb ernsthafte Angelegenheit. Mervyn Hancock vom *Somerset Standard* begleitete am Montag, den 1. August, Wachen auf ihrem ersten Erkundungsgang. Ein Photograph war mit von der Partie, um jedes übernatürliche Ereignis festzuhalten (was vielleicht etwas optimistisch war). Es gab aber nichts festzuhalten, außer vielleicht, daß ein Mitglied der Truppe sich als Lockvogel zur Verfügung gestellt hatte, um den Geist anzulocken. Das Wichtigste, was Hancock bemerkte, war ein »geheimnisvolles Geräusch«. Hillier gestand den Geisterjägern etwas mehr Erfolg zu, als er dem *Sunday Express* erzählte, daß sie auf einem Rundgang ein Paar getroffen hatten, das eine Woche zuvor eine schattenhafte Gestalt auf der Straße gesehen hatte. Näher kam das Jubiläumskomitee von Nunney aber nicht an den Geist heran.
Macey hat inzwischen sein Haus an der Spukstraße aufgegeben und ist nach Cornwall gezogen. Aber als ich mich daranmachte, die Hintergründe der Wachtpatrouillen von

Nunney zu erforschen, traf ich ein paar Männer, die ebenfalls bei der Geisterpatrouille mitgewirkt hatten. Aufgrund zweier Telefongespräche kann die Darstellung der »bewiesenen« Ereignisse nun verbessert werden.

Die beste Beschreibung stammt von Fred L'Estrange, der damals als Vorsitzender des Jubiläumskomitees tätig war: »Es war ein reiner Werbetrick.« Das konnte man schon ahnen, als Owen Hillier (der auch von den Zeitungen zitiert wurde, wie wir wissen) meine Ausgangsfrage zum Tramper von Nunney mit einem Lachen quittierte. Das Komitee hatte einfach beschlossen, sich die in der Gegend bekannte Geschichte zunutze zu machen, um für den im August stattfindenden Jahrmarkt zu werben. »Es lief tatsächlich gut«, sagte L'Estrange. Sie gingen auf Streife, »um zu sehen, was wir sehen konnten«, meinte Hillier, und sie trafen auch sicherlich das Paar, das einen Schatten gesehen hatte. Das war aber auch alles. Sie wollten nicht mehr, als die Aufmerksamkeit auf die kommenden Attraktionen zu lenken. In diesem Licht erscheinen alle veröffentlichten Artikel über die Wachen in einer ganz anderen Perspektive.

Besonders die Kommentare von Hillier, der im *Sunday Express* erschienen, erweckten den Anschein, als ob er, Hillier, sich manchmal einfach nicht des Eindrucks erwehren könne, daß jemand bei ihm auf dem Rücksitz sei, und zwar immer dann, wenn er nachts jene Straße entlangfuhr. Das alles machte den Eindruck, daß er selber auch an den Geist glaubte. Am Telefon erklärte er dann, daß er zu jeder Tages- und Nachtzeit auf der bewußten Straße gefahren wäre, ohne etwas Ungewöhnliches zu bemerken, und daß er die Spukgeschichten immer lustig gefunden hätte. Alles in allem habe die Wachtpatrouille nicht dazu gedient, die Existenz des Phantomtrampers zu beweisen.

Indirekt jedoch ist sie doch eine Bestätigung. Das Festkomitee von Nunney erfand zwar den Tramper nicht, benützte jedoch eine alte und bekannte Sage, um eine ungewöhnliche, aber wirksame Art der Werbung zu betreiben. Zuerst kam der Geist und danach die Geisterpatrouillen. Ich glaube zu begreifen, daß der Autounfall »ein paar Monate vor dem Jahrmarkt im August« (meinte L'Estrange) sie auf diese Idee brachte. Kurz gesagt, sie nützten ein Ereignis aus, das bereits eine Atmosphäre des »Besonderen« im Dorf geschaffen hatte. Beide Männer beteuerten, daß sie nicht die Absicht hatten, die Sage von der Erscheinung in Frage zu stellen. Sie waren vielmehr ängstlich besorgt, nicht den Eindruck zu erwecken, daß der Geist von Nunney eine komplette Lüge sei. L'Estrange unterstrich sogar, daß es tatsächlich »einige Berichte« gab, die der Polizei vorlagen, und daß den Unfall mit dem Auto an der Hecke, der einen Hauptpunkt der Spukgeschichten des Jahres 1977 bildet, ein Mädchen aus Nunney bestätigten könnte. Dieses Mädchen hatte das verunglückte Auto gesehen, als es mit einem Freund in Richtung Frome spazierte.

L'Estrange fügte hinzu, daß der Fahrer »hundertprozentig überzeugt gewesen sei«, einen Mann auf der Straße gesehen zu haben. Er sei ganz durcheinander gewesen, und dieser Zustand habe noch ein paar Tage angehalten. Er erwähnte den verstorbenen amerikanischen Dienstmann, der angeblich das Original dieser Erscheinung gewesen sein soll. Ich selbst hörte während eines kurzen Besuchs im Dorf davon.

Eine wenig überzeugende Schlußfolgerung

Der Phantomtramper auf der Straße von Nunney nach Frome ist in vieler Hinsicht typisch. Die meisten Leser und Forscher erfahren von diesen Trampergeschichten durch die Presse. Sie werden in einfacher und meist witziger Form präsentiert und mit gut ausgesuchten Zitaten von ebenfalls gut ausgesuchten und manchmal einflußreichen Personen garniert. Eine nähere Untersuchung der Berichte zeigt weniger Ungenauigkeit als vielmehr Änderungen von Einzelheiten und allzuoft auch Widersprüchlichkeiten. Ein Parapsychologe, der sich mit einem solchen Fall beschäftigt, würde sicherlich nicht zufrieden sein mit dem Stand der Dinge. Jeder Punkt der Geschichte, den er mit einem anderen verbinden will, ruft neue Widersprüche hervor. Für jede Tatsache, die eine Lücke füllt, gibt es eine andere, die nicht in das Ganze paßt. Die wenigen wunderbaren Ereignisse dieser Art bleiben für gewöhnlich den Volkskundlern überlassen.

Die Journalisten sind weder unverantwortlich, noch führen sie uns bei ihrer Bearbeitung des Falls von Nunney wissentlich in die Irre. Sie reagierten lediglich in scharfer Form auf eine gute Meldung, die außerdem noch leichte Züge einer Komödie in sich trug: die Geistergeschichte als Form ländlicher Unterhaltung. Die spätere Phase der Geschichte besteht aus einer vorsätzlichen (aber unschuldigen) Lüge, mit der die »Wachen« die Werbewirksamkeit des Geistes ausnützten. Weit davon entfernt, die Leute aus dem Dorf zu vertreiben, bewirkte die Geschichte genau das Gegenteil – sie zog die Leute an. Man sollte trotzdem daran erinnern, daß all dies und auch der letzte Scherz, der darauf folgte, von einem als authentisch angesehenen, natürlichen Ereignis abstammt. Diese Vorfälle enthalten eine Anzahl schlecht definierter örtlicher Überlieferungen, die der Erscheinung ein beachtli-

ches Ansehen verleihen (die Erscheinung kann weder genau festgelegt noch geleugnet werden), außerdem eine Anzahl neuerer Berichte, denen allerdings einige Daten zur Bekräftigung der Geschichte fehlen. Und dann kennen wir noch die Polizeiberichte, in denen offensichtlich glaubwürdige Augenzeugen ihre Stellungnahmen über den Phantomtramper abgeben.
Der Fall von Nunney ist ein gutes Beispiel dafür, wie schwer es sein kann, parapsychologische Geschichten von Volkserzählungen zu trennen, selbst wenn man annimmt, daß erstere am Anfang stehen. Nicht viele werden diese Vermutung äußern, da die Presse und die mündlichen Informanten versichern, »daß es tatsächlich passiert ist«. Es ist leichter, wesentlich leichter sogar, festzustellen, daß es keinen unangreifbaren Beweis dafür gibt, daß es auf der Straße zwischen Nunney und Frome jemals gespukt hat.
Es bleibt die fatale Frage, ob ein Autofahrer versuchen würde, die Polizei mit einem so unwahrscheinlichen Scherz wie dem verschwindenden Tramper auf den Arm zu nehmen. Der Fall von Nunney beweist sicherlich nicht, daß der Phantomtramper »existiert«. Er könne aber beweisen, daß zumindest ein paar Leute an seine Existenz glauben – einige sind ja sogar so weit gegangen, daß sie Behörden Meldung erstatteten. Diejenigen Leser, die bereit sind anzuerkennen, daß die Zeugen selber glaubten, sie hätten eine Erscheinung gesehen, werden sehr wahrscheinlich auch über mögliche Quellen dieser Illusion spekulieren. Einige sind vielleicht auch zu dem Schluß gekommen, daß ein paar Lügner die Volkserzählungen auf schamlose Weise für ihre eigenen Hirngespinste ausbeuteten. Diese Doppelbödigkeit ist der Gegenstand unseres nächsten Kapitels.

4

Irrtümer und Lügen

Einige der bekanntesten Geistergeschichten beruhen lediglich auf dem unbewiesenen Bericht eines einzigen Zeugen. Dieser Zeuge will uns glauben machen, daß die ungewöhnliche Geschichte, die ihn gefühlsmäßig sehr aufgewühlt hat, tatsächlich stattgefunden hat. Ein Skeptiker würde einwenden, daß gerade dies der schwache Punkt all solcher Nachforschungen ist. Denn die Untersuchung solcher Fälle ist darauf angewiesen zu glauben, was die Leute erzählen. Parapsychologen können diese Schwäche wettmachen. Sie nehmen an, daß es genügend Fälle gibt, in denen der Zeuge seine Glaubwürdigkeit dadurch unter Beweis stellt, daß er einem oder mehreren unabhängigen Leuten von seinem angeblichen Erlebnis erzählt. Diese Leute dienen dann ebenfalls als Zeugen oder besser gesagt als »Zeugen zweiter Hand«. Außerdem können sie anführen, daß es auch Fälle mit zwei oder mehr Zeugen gibt. In diesen Fällen sprechen kritische Stimmen von »kollektiver Halluzination« oder kollektivem Schabernack. Die Liste der Phantomtrampergeschichten enthält sowohl Fälle mit einem als auch mit mehreren Zeugen, und beide Arten von Fällen sind angreifbar. Es kommt darauf an, ob der Forscher die traditionelle Anonymität des Zeugen durchbrechen kann oder ob er verläßliche Leute kennt, die ihrerseits für den Zeugen bürgen können.

Auswertung der Zeugnisse: Techniken und ihre Grenzen

Es gibt keinen objektiven Beweis dafür, daß ein »Geisterseher«, mag er auch noch so glaubwürdig erscheinen, nicht gelogen hat. Wahrscheinlichkeitsrechnungen werden bei Erlebnissen mit Geistern selten angewendet. Entgegen der geläufigen Auffassung gibt es weder mechanisch-technische, chemische oder psychologische Techniken, um hier die volle Wahrheit herauszufinden. Selbst auf Gebieten, bei denen es möglich und vom ethischen Standpunkt her zu vertreten ist, solche Praktiken anzuwenden – so wie man zum Beispiel die Hypnose einsetzt, um das Gedächtnis von Zeugen oder Opfern von Verbrechen zu prüfen –, würde die Einführung solcher Techniken die ganze Lage nur noch mehr komplizieren. Deshalb und aus anderen Gründen verlassen sich die Forscher wie eh und je auf persönliche Gespräche mit den Zeugen und auf die Prüfung seines Charakters.

Manche Menschen können hartnäckig und in einem fort lügen – und damit überzeugen. Die Parapsychologie hat in der Vergangenheit viel darunter gelitten und wird zweifellos auch weiter darunter leiden. Der Hauptgrund für einen Menschen, zu lügen, liegt darin, daß er seinem Ego schmeicheln will – sei es, um sich als Erzähler wichtig zu machen und ins Zentrum der allgemeinen Aufmerksamkeit zu rücken, oder auch, um das zweifelhafte Vergnügen zu genießen, »den Experten überlegen zu sein«. Die Erforschung des Übernatürlichen muß ständig auf der Hut vor diesen beiden Möglichkeiten sein. Doch nicht alle »erlogenen Geister« beruhen auf so tiefgehenden Motiven. In vielen Situationen werden die Geister einfach erfunden, weil man gerade über Geister redet und man auch etwas zum Thema beisteuern möchte. Der Erfinder solcher Geschichten will zum einen die Zuhörer beeindrucken, zum anderen auch etwas mitteilen. Es ist zwar nicht unmöglich, einem Psychologen etwas vorzulügen, aber es ist auch nicht leicht, da der Psychologe zu viele Fragen stellt und Widersprüchen nachgeht. Es kommt sogar vor, daß er den Zeugen bittet, seine Geschichte aufzuschreiben und zu unterschreiben. Kurz gesagt, der Forscher betrachtet die Geschichte nicht unter den Gesichtspunkten der Unterhaltung oder der gesellschaftlichen Gesprächsgewohnheiten, sondern legt strenge wissenschaftliche Maßstäbe an. Das bereitet einem Geschichtenerfinder schon einige Mühe, wenn er auf seiner Geschichte beharrt.

Die Art und Weise, wie eine Geschichte erzählt wird – der Erzählstil, nicht die Inhalte –, sagt einiges über ihre Verläßlichkeit aus. Eine Geschichte, die ohne große Ausschmükkung, sachlich oder auch zögernd erzählt wird, ist überzeugender als eine, die mit großen Gesten, dramatischer Stimme und dem Tonfall großer Geistergeschichten nach dem Vorbild »zu meinem allergrößten Schrecken erblickten meine starren Sinne...« vorgebracht wird. Das heißt nicht, daß der Bericht immer in Mundart gesprochen oder unzusammenhängend sein muß, aber der Versuch, »professionell« zu wirken, ist immer etwas verdächtig. Untersuchungen, die die Umstände des Gesprächs analysieren, können ebenfalls hilfreich sein. Wird der Zeuge zufällig entdeckt und spricht er so, als ob er vor etwas Angst hätte, dann ist es wesentlich unwahrscheinlicher, daß er nur Eigenwerbung betreibt.

Die meisten Forscher wünschen, daß der Zeuge seine Geschichte mehr als einmal erzählt. Beim zweiten Mal hat sich der Parapsychologe vielleicht eine Meinung über den Gesundheitszustand und die geistigen Fähigkeiten des Zeugen gebildet. Die Bedeutung psychologischer Faktoren wie zum Beispiel Gedächtnis, Übertreibungen, Zusammenhanglosigkeit, die bei zweimaligem Erzählen festgestellt werden können, sowie die Erwartungshaltung des Erzählers, eigene und äußere Quellen der Beeinflussung, übernommene Vorstellungen vom Übernatürlichen sowie Selbsttäuschungen können so festgestellt werden. All das trägt zu größerer oder geringerer Glaubwürdigkeit der Geschichte bei. Nur ganz wenige Berichte sind frei von diesen Gesichtspunkten. Wenn jede Bestätigung durch unabhängige Personen fehlt, was bei Berichten von nur einem Zeugen immer der Fall ist, dann wird der vorsichtige Analytiker die oben genannten Kriterien anwenden, um herauszufinden, ob der Zeuge die Geschichte rein erfunden hat oder ob sonst noch etwas dahintersteckt. Ein Zugeständnis an den Zeugen ist nicht gleichzusetzen mit dem Glauben an Geister, sondern bedeutet lediglich, daß der Analytiker annimmt, der Zeuge glaube selbst daran, einen Geist gesehen zu haben. Da wir kaum annehmen können, daß ein solches Ereignis jemals gefilmt wird, müssen wir uns damit begnügen.

Nachdem er den Zeugen untersucht hat, geht der Analytiker daran, die Geschichte selbst zu untersuchen. Da er meist mit der wichtigen Literatur zu diesem Thema vertraut ist, kann er rasch feststellen, ob es sich um einen »spontanen« Fall handelt. Die Unglaubwürdigkeit einer Geschichte ist nicht unbedingt abschreckend. Denn wenn sich eine Geschichte unglaubwürdig anhört, bedeutet das nicht automatisch, daß sie darum nicht wahr ist. Die Anzahl unglaublich klingender Geschichten ist groß. Es gibt uns vielleicht Sicherheit, wenn ein Phänomen bereits in der Literatur beschrieben ist, doch Abweichungen von der Norm des Übernatürlichen können nicht willkürlich eingedämmt werden. Wir wissen viel zuwenig über übernatürliche Phänomene, als daß wir in der Lage wären, mit Sicherheit zu sagen, was möglich und was unmöglich ist.

C. G. Jung schreibt dazu:

> In den meisten Fällen wird ihre Authentizität nicht nur durch die Freiheit bestätigt, mit der sie erzählt wird, sondern auch durch Geschichten, die unabhängig, aber gleichzeitig erzählt werden. Da kein Zweifel daran besteht, daß solche Berichte zu allen Zeiten und an allen Orten entstehen, gibt es keinen Grund, an der Wahrheit einzelner Berichte zu zweifeln.[1]

Volkskundler würden entgegnen, daß die große Verbreitung einer Geschichte wie die des Trampers lediglich beweist, wie sehr sie sich verbreitet hat und daß sie häufig nacherzählt wurde. Wenn der Geist die Regeln seiner eigenen Tradition nicht beachtet, dann wird die ganze Sache wesentlich komplexer, und die Volkskunde kann sie nicht mehr hinreichend erklären.

Eine Handvoll Phantomtramper unserer Tage unterscheiden sich von den herkömmlichen Mustern, nach denen der Geist seine Identität mit einer auf tragische Weise umgekommenen Person beweist. Durch ihr scheinbar grundloses Auftauchen stehen sie den authentischen Erscheinungen nahe, die wir aus der Parapsychologie kennen. In diesen Fällen hat der Geist keinerlei Interesse an der Aufdeckung unbestrafter Verbrechen, an vergrabenen Schätzen oder all den anderen Motiven, die ihn in den Volkserzählungen bewegen. Man hat es nicht mit den abgerundeten, nahtlosen Berichten zu tun, die dem klassischen Muster der Dreiteilung mit Anfang, Mitte und Schluß folgen. Wie die Erscheinungen, die in den Berichten der Gesellschaft für psychische Forschung beschrieben werden, sind sie vereinzelte Darsteller in einmaligen Episoden, die unsere Vorstellungen von künstlerischem und erzählerischem Gleichgewicht herausfordern.

Mit der Erzählweise sind auch die erzählerischen Einzelheiten verbunden: künstlerische Ausschmückung, die Inszenierung mit atmosphärischen Effekten und all die anderen möglichen Mittel. Auch wenn der Erzähler einer Geschichte glaubt, daß der »Blutfleck über dem Herzen« oder andere Einzelheiten die Wahrscheinlichkeit seiner Behauptungen erhöhen, so ist doch genau das Gegenteil der Fall. Und auch der Geisterhauch von Friedhöfen oder Ruinen kommt nicht in jeder Geistergeschichte vor. Das ist nur Zierat, übertriebene Ausschmückung. Dadurch versucht man, mit einem überkommenen Standard übereinzustimmen, nach einer Richtlinie zu arbeiten, die bestimmt, wie wahre Geistergeschichten aussehen sollen. Eine richtige Geistergeschichte ist schwerer zu konstruieren, als sich die meisten Leute vorstellen. Der Erzähler neigt dazu, die szenischen Einzelheiten zu übertreiben und den Schluß zu sehr hervorzuheben. In den meisten schlechten Geistergeschichten bleibt die Gestalt des Geistes nicht im ungewissen, sondern wird auf schlechte und unglaubwürdige Art festgelegt. Bei allem Respekt, aber die meisten Erzähler von »wahren« Geistergeschichten machen zuviel Wind.

Eine Fahrt zum Friedhof

Von einigen Ausnahmen abgesehen, kommen in den meisten Phantomtrampergeschichten einer oder sogar mehrere der oben genannten Fehler vor. Persönliche Erfahrung der Autoren mit Geistern ist wohl bei den wenigsten dieser schlecht gemachten, in den Mantel der Tatsachen gehüllten Fiktionen festzustellen. Die Psychologin Aniela Jaffé erhielt nach einem Aufruf an die Leser im *Schweizerischen Beobachter* über 1200 Briefe mit ungefähr 1500 Berichten, die sie in ihrer Studie über Jungsche Archetypen *Apparition and Precognition*

(1963) analysierte. Unter all diesen Berichten kam der Phantomtramper nur einmal vor. Die Autorin widmete ihm ein eigenes Kapitel – nicht auf Grund der Realitätsnähe, sondern aus genau dem gegenteiligen Grund.[2]

»Fahren Sie mich zum Friedhof«, so lassen Beardsley und Hankey eine Geschichte der Version C enden. Das Mädchen steht nicht am Straßenrand, sondern ist vielleicht in einem Restaurant oder einem anderen Vergnügungsort. Es gibt eine Menge von Einzelheiten: die nervöse junge Frau gießt sich Wein über ihr weißes Kleid, erzählt dem Zeugen, wo sie lebt, und besteht darauf, zum Friedhof gefahren zu werden, der genau in der entgegengesetzten Richtung liegt. Die zwei Zeugen können sie nirgends sehen, als sie am Fahrtziel angekommen sind. Am nächsten Tag rufen sie bei dem Mädchen an und identifizieren es mit Hilfe einer Photographie. Das Mädchen starb bei einem Unfall, genau zwei Jahre zuvor. Und damit nicht genug, lassen die Eltern das Grab öffnen und finden den unversehrten Körper des Mädchens vor, den Weinfleck auf ihrem Kleid und Schmutz an den Schuhen.

Frau Jaffé verweigerte jeden Kommentar zu dieser Geschichte. Ihrer Meinung nach handelt es sich dabei um eine Art Symbol, und der Stil steht ganz im Gegensatz zu dem sonst recht trockenen und monotonen Ton des anderen Materials, das sie zitiert. *»Der Mangel an archetypischen Erscheinungsformen scheint ein Kriterium für die Unwahrscheinlichkeit der Erscheinung zu sein.«* Man könnte auch sagen, die ganze Geschichte sei zu künstlich; es gibt einen wirklichen Unterschied zwischen den künstlich zurechtgemachten »wahren Geschichten«, die reine Fiktion sind, und dem wirklichen Erlebnis, das sie nachmachen wollen.

Die wenigen Phantomtrampergeschichten, die frei von übertriebener Künstlichkeit sind, scheinen nur zufällig authentischen Erscheinungen ähnlich zu sein. Andererseits sind sie aber auch nicht unbedingt Lügengespinste. Tolerante Leser mögen sagen, daß es sich dabei vielleicht um Sinnestäuschungen handelt, um ein vorübergehendes Phänomen, wobei die Wahrnehmungsorgane des Zeugen behindert oder durch die nächtliche Umgebung und die Bewegungen des Fahrzeugs beeinträchtigt wurden. »Die Nacht täuscht das menschliche Auge«, schrieb schon Lewes Lavater im dritten Kapitel seines Buches *Von Geistern und Gespenstern bei Nacht* (1572). »Deshalb ist es nichts Außergewöhnliches oder Wunderbares, wenn Menschen, die nachts oder um Mitternacht reisen, Steine, Bäume und Baumstümpfe für Geister und Elfen halten.«

Wenn die Ereignisse genau so passieren, wie sie beschrieben werden, dann sind die Beschreibungen des Phantomtrampers zu ausführlich, als daß sie diese Art der Interpretation rechtfertigen könnten. Es ist durchaus möglich, daß man Bäume oder Lichtmasten am Straßenrand für menschliche Wesen hält, anhält und sie mitnehmen will. Wenn der Autofahrer dann aber die optische Täuschung erkannt hat, wird er aber wohl kaum einen Baum oder einen Pfosten zu sich ins Auto bitten. Es ist vernünftiger, anzunehmen, daß diese natürlichen Gegenstände lediglich als Auslöser einer Halluzination dienen.

Zweifelsohne kommt es öfter vor, daß nächtliche Autofahrer die nur flüchtig wahrgenommenen natürlichen Gegenstände für übernatürliche Erscheinungen halten. In meiner eigenen Heimat, in Thurrock (Essex), trug sich im Jahre 1977 eine solche Geschichte zu. Zwei achtzehnjährige Jungen, die am frühen Sonntagmorgen nach Hause fuhren, sahen ein gespenstisches Bild mit drei in Mönchskutten gekleideten Figuren am Straßenrand. Die schockierten Zeugen fanden keine logische Erklärung für diesen makabren Anblick.

Ein paar Tage später stellte sich heraus, daß es sich bei den

Die Geister posieren für die *Gazette*. Der Photograph David Henderson rekonstruiert die nächtliche Szene, in der die drei Jugendlichen aus Ockendon von vorbeifahrenden Autofahrern irrtümlicherweise für übernatürliche Wesen gehalten wurden.
(Photo mit freundlicher Erlaubnis der Thurrock Gazette)

»Geistern« um drei junge Männer gehandelt hat, die sich auf ihrem Weg vom Bahnhof nach Hause unterwegs ausgeruht hatten. Sie hatten ihre Köpfe und Oberkörper mit Handtüchern und Hemden umwickelt, um sich vor dem Nieselregen zu schützen. Vielleicht kann man von einem nächtlichen Autofahrer nicht verlangen, daß er eine solche Erscheinung, die ihm ohne Vorwarnung begegnet, richtig einschätzt.

Ebenfalls bezeichnend ist aber: wenn sich die jungen Männer nicht zu erkennen gegeben hätten, hätte man den Vorfall weiterhin für eine überzeugende Straßengeistergeschichte gehalten.[3]

Vielleicht standen die Opfer dieser Täuschung unter dem Einfluß eines zu später Stunde angeschauten Horrorfilms. Irgendeine vorgefertigte Art von Eindruck oder Interpretation mag auch der Grund für die Panik von Barry Collings und Steven Pope gewesen sein, die sechs Monate später anhielten, um eine attraktive Blondine in einem weißen Abendkleid an der A 229 (Kent), in der Nähe des Veglios Motels, mitzunehmen. Sie sagte nichts – lächelte nur –, und die zwei Zeugen bemerkten, daß die stürmische Nacht keinerlei Auswirkungen auf ihr locker fallendes Haar hatte. Sie schien von einer merkwürdigen Stille umgeben. Als Pope zu dem Schluß kam, daß die junge Frau nicht von dieser Welt sein könne, gab er Gas und fuhr davon. Der interessanteste Punkt dieser Geschichte ist, daß trotz der Tatsache, daß das Ereignis in der Nähe von Maidstone im Süden von Blue Bell Hill stattgefunden hat, die Journalisten versuchten, eine Verbindung zu dem Phantomtramper herzustellen, der »anerkanntermaßen« dort sein Unwesen treibt.[4] Trotz der Wahrnehmungen der Augenzeugen nahmen viele Kritiker keinerlei Notiz von der scheinbar windfesten Frisur des Mädchens oder von der Vermutung, daß sie kein menschliches Wesen sei. Man nahm an, daß den drei Männern die Phantasie durchging. Trotzdem stritt man dieses Zusammentreffen nicht ab. Man kann sich nur in Gedanken ausmalen, was passiert wäre, wenn die blonde Frau mit Pope und Collings gefahren wäre.

Der schlechtgelaunte Tramper

Wenn die Möglichkeit besteht, daß sich unter bestimmten Umständen eine normale Person am Straßenrand in eine Geisterimitation verwandelt, dann müssen wir das seltsame Verhalten des Mannes im Regenmantel betrachten, der sowohl als Phantomtramper wie auch als verschwindendes Unfallopfer eingestuft werden kann. Es gibt wenigstens drei Quellen, die über seine Geschichte berichten. »Angst vor dem Phantomtramper« (*Weekend*, 28. September–4. Oktober), so lautet Peter Moss' eigene Zusammenfassung von den Erlebnissen eines Lastwagenfahrers auf der A 38 in der Nähe von Wellington. Der Bericht erschein in *Ghosts over England*.[5] Betrachtet man diesen Artikel zusammen mit dem Material von Andrew Grenns *Our Haunted Kingdom*, einer kurzen Darstellung des Mannes im Trenchcoat, dann kommt man zu folgendem Ergebnis:
Südwestlich von Taunton schlängelt sich die Straße nach Wellington hinunter und durchquert das Städtchen Rumwell. Wenn man die zehn Unfallberichte beiseite läßt, die Green nebenbei erwähnt und die sich zwischen 1968 und 1973 ereignet haben, kann man festhalten, daß die ersten gedruckten Zeugenberichte über die Erscheinung aus dieser Gegend stammen.[6] Die *Western Morning News* berichteten im August 1970, daß Mrs. Swithenbank aus Taunton mit ihrem Wagen ins Schleudern geriet, als sie einem Mann mittleren Alters in einem langen, grauen Mantel ausweichen wollte, der in der Nähe des Heatherton Hotels mitten auf der Straße stand. Als sie sich entschloß, ihm die Meinung zu sagen, mußte sie feststellen, daß er verschwunden war.[7] Die Veröffentlichung dieses Berichts ermutigte zwei weitere Autofahrer, ähnliche Geschichten von Erscheinungen zu erzählen. In einer vergleichbaren Situation fiel ein Motorradfahrer von seiner Maschine und brach sich mehrere Knochen. Das geschah in

White Ball, nur vier Meilen weiter westlich. Am selben Ort sah ein anderer Autofahrer den Phantomtramper im Profil. Aus den Quellen wissen wir, daß das Gesicht des »Mannes« in anderen Fällen abgewendet war. Als Ergebnis dieser Berichte aus dem Jahre 1970 können wir festhalten, daß man annahm, ein Mann mittleren Alters in einem langen, grauen Mantel oder Regenmantel – der in Mrs. Swithenbanks Bericht noch eine Taschenlampe bei sich trug – treibe in der Gegend der A 38 sein Unwesen und versuche, einen Zusammenstoß mit den vorüberfahrenden Wagen zu provozieren.
Harold Unsworth, ein Fernfahrer aus Exeter, glaubte, das Phänomen sei der Schlüssel zu einem Geheimnis, das er zwölf Jahre lang gehütet hatte – aus Angst, sich lächerlich zu machen, und weil er selbst kaum glauben konnte, was ihm passiert war. Im Jahre 1958 traf er den Mann im Regenmantel gleich mehrere Male. Diese Treffen wurden dann 1970 im *Exeter Express and Echo* niedergeschrieben.[8]
Beim ersten Treffen kehrte er gerade wegen des schlechten Wetters zu seiner Spedition zurück. Es war drei Uhr morgens. Er hatte Mitleid mit einem Mann mittleren Alters in einem cremefarbigen oder grauen Regenmantel, der mit einer Taschenlampe in der Hand, dreckig und ohne Hut, in der Nähe des Blackbird Inn stand, eine Meile westlich von Heatherton Grange, an der A 38.
Mit »wohlerzogener« Stimme, so der Zeuge, bat der völlig durchnäßte Fremde, daß man ihn an der Beam Bridge aussteigen lasse, und verbrachte die Zeit während der ungefähr sechs Kilometer langen Fahrt damit, dem bereits leicht beunruhigten Unsworth schaurige Geschichten darüber zu erzählen, wie viele Unfälle sich während der Woche ereignet hatten. So bedauerte es der Fahrer auch nicht, sich von seinem Fahrgast zu trennen.
Solche atmosphärischen Einzelheiten, wie etwa die späte

Uhrzeit und das schlechte Wetter, kennzeichnen stets die Begegnung mit dem seltsamen Mitfahrer. Die Situation wiederholte sich nur wenige Tage später und dann nach einem Monat noch einmal. In Anbetracht der seltsamen Angewohnheit des Mannes, mit einer Taschenlampe mitten in der Nacht auf der A 38 spazierenzugehen, zudem noch im strömenden Regen, und seinen geschmacklosen Gesprächsthemen glaubte Unsworth schließlich, der Bursche sie nicht ganz richtig im Kopf. Doch im November 1958 war dann sein eigenes Gleichgewicht in Gefahr.

Es regnete stark, es war spät am Abend... und der Mann wollte wieder zur Beam Bridge. Doch diesmal bat er Unsworth zu warten, denn er wolle noch ein paar Kisten holen und dann weiter mitfahren. Unsworth wartete. Er wartete zwanzig Minuten, dann fuhr er weiter. In der Nähe eines Fernfahrerrestaurants, ungefähr fünf Kilometer weiter, sah er den Kegel einer Taschenlampe, die heftig geschlenkert wurde. Er dachte an einen Unfall oder einen Autofahrer in Not – aber als er näher kam, tauchte im Scheinwerferlicht die Gestalt des Mannes im Regenmantel auf...

In keine Richtung war ein Auto gefahren, und der Instinkt verbot es dem höchst beunruhigten Unsworth, einen Tramper mitzunehmen, der eine solche Strecke innerhalb von so kurzer Zeit zurücklegen konnte. Er versuchte, den Tramper nicht zu beachten, gab Gas, doch der Mann warf sich vor den Laster. Der Zusammenprall war nicht zu vermeiden. Doch nichts geschah. Unsworth trat auf die Bremsen und brachte den Laster einige Meter weiter zum Stehen. Er sprang aus dem Wagen. Auf der Mitte der Straße stand der Mann im Regenmantel, drohte mit der Faust und verfluchte ihn, weil er nicht angehalten hatte. Genau in diesem dramatischen Augenblick drehte er sich um und verschwand. Unsworth verschwand ebenfalls – so schnell er konnte fuhr er davon.

Die Analyse von Unsworths Geschichte bringt zwei Punkte ans Licht, die kaum erklärt werden können. Es handelt sich dabei nicht um die Anwesenheit des Mannes auf der A 38 zu so später Stunde und bei so schlechtem Wetter, auch nicht um seine schaurigen Gesprächsthemen; diese Punkte erscheinen vielleicht unwahrscheinlich, haben aber nichts Übernatürliches an sich. Es ist bezeichnend, daß der Lkw-Fahrer den Mann nach einiger Zeit für verrückt hielt – das könnte auch erklären, warum der Mann sich so ungewöhnliche Reisezeiten aussuchte –, ihn aber dennoch jedesmal wieder mitnahm. Bis zum letzten Zusammentreffen war das Verhalten des Mannes überraschend, vielleicht auch beunruhigend. Der Zeuge dachte jedoch nicht daran, es mit einem übernatürlichen Wesen zu tun zu haben. Zwei Punkte könnten Unsworth darauf gebracht haben, daß der Tramper keine natürliche Erscheinung ist: a) die Tatsache, daß der Tramper nach zwanzig Minuten an einem Ort auftauchte, der ungefähr fünf Kilometer von der Stelle entfernt lag, an der ihn der Fahrer aussteigen ließ. Sowohl die Angabe der Zeit als auch der Entfernung beruht auf einer Schätzung des Zeugen, der die Geschichte zwölf Jahre nachdem sie stattgefunden hat erzählt. So große Zeitabstände zwischen dem Geschehen und der Erzählung tragen für gewöhnlich zur Ungenauigkeit der Berichte bei, und es ist daher ratsam, auf die Stimmigkeit der ganzen Geschichte zu achten. Wenn wir davon ausgehen, daß der Mann im Regenmantel ein ganz gewöhnlicher Mensch ist, dann müssen wir zugeben, daß er sich ziemlich beeilt hat, um die von Unsworth angegebene Strecke von fünf Kilometern zurückzulegen. Unter guten Wetterbedingungen beträgt die normale Gehgeschwindigkeit eines Fußgängers ungefähr dreieinhalb bis vier Kilometer pro Stunde. Der Tramper war wesentlich schneller. Um diesen Punkt zu klären, müßte man absolut sicher sein, daß die Angaben von Unsworth stimmen.

b) Es scheint nicht rational erklärbar zu sein, wie der Mann den Zusammenstoß mit dem Lastwagen überlebt haben und danach verschwinden konnte. Und selbst wenn es nur so aussah, als ob der Mann sich vor den Wagen warf und erst in letzter Sekunde zurückgewichen ist, weil Unsworth von der Höhe seines Fahrersitzes aus nicht alles klar überblicken konnte, so muß doch das plötzliche Verschwinden des Mannes erklärt werden. Dieser letzte Punkt stimmt mit Erlebnissen anderer Fahrer überein, die auf der A 38 einen Fußgänger überfahren hatten oder zumindest beinahe überfahren hätten, der dann verschwand, als sie anhielten, um nach ihm zu sehen. Dabei sollte man festhalten, daß sich der Mann immer einigermaßen vernünftig benommen hatte, wenn er mitgenommen wurde. Sein Verhalten schlug erst um, als Unsworth ihn nicht mehr mitnahm. Sein Verschwinden nach dem Zusammenstoß könnte die wütende Reaktion darauf sein, daß man ihn übersehen hat; und auch andere Fahrer berichteten, daß sie von der Existenz der Gestalt erst Kenntnis nahmen, als sie vor dem Wagen auftauchte.
Wenn man die Angelegenheit mit Skepsis betrachtet, könnte man sagen, daß es noch kein Beweis ist, daß Unsworth den Tramper schon kannte, bevor er in der Zeitung von Exeter beschrieben wurde. Bei all den Geistergeschichten von der A 38, die in den Zeitungen kursierten, könnte er beschlossen haben, auch eine Geschichte zum besten zu geben. Eine andere Möglichkeit wäre die, daß ihn die Aussagen der anderen Autofahrer tatsächlich an eigene Erlebnisse aus dem Jahre 1958 erinnert haben, Erlebnisse, über die er zwölf Jahre geschwiegen hatte. Inwieweit stimmen Unsworths Erlebnisse mit dem geheimnisvollen Tramper mit den Zeitungsberichten überein, und inwieweit sind sie von ihnen beeinflußt? Hatten ihn die Geschichten von dem verschwindenden Mann auf der Straße, die im Jahre 1970 durch die Zeitungen gingen,

etwa so sehr verwirrt, daß seine eigene Erfahrung mit einem zwar merkwürdigen, ansonsten aber normalen Mann plötzlich den Anstrich des Übernatürlichen bekam? Das Thema der falschen Identität, wobei der Mann im Regenmantel zunächst eine reale Person ist, die erst später als Geist interpretiert wird, bekommt einen gespenstischen Anstrich durch die Tatsache, daß der Tramper vor den Augen des Fahrers verschwindet. Ein menschlicher Tramper ist dazu nicht fähig. Wenn der Mann ein gewöhnliches menschliches Wesen war, dann können wir nur vermuten, daß die finstere, abgelegene Gegend und das undurchschaubare Verhalten des Mannes eine beklemmende Wirkung auf Unsworth hatten und er auf diesen psychischen Druck durch Halluzinationen reagierte, der letzte Teil seiner Erlebnisse, der Zusammenstoß und das Verschwinden, also nur eingebildet war. Doch es soll ja mehrere dieser Vorfälle gegeben haben. Im Jahre 1970 sprach man von wenigstens fünf derartigen Fällen auf der A 38. Die Erscheinung, die stets sofort wieder von der Straße verschwand, brachte die Fahrer jedesmal in eine Notsituation. Über diese Fälle wurde in England häufiger berichtet als über den typischen Phantomtramper. Die Frage, die sich daraus ergibt, müssen wir zu einem späteren Zeitpunkt nochmals aufgreifen: wenn es sich bei diesen Erlebnissen um Halluzinationen handelt, wie kommt es dann, daß so viele Menschen die gleiche Halluzination haben?
Einige Aspekte von Unsworths Geschichte kann man mit einem anderen, nicht eindeutigen Vorfall vergleichen. Dieser Vorfall spielte sich auch bei strömendem Regen ab, aber diesmal in der Nähe der San-Bernardino-Berge in Kalifornien. Die Zeugen waren mehrere Jugendliche in einem Wagen. Sie fuhren an einem Tramper vorbei: ein bis zwei Kilometer weiter noch einmal. Nachdem sie ihn zum dritten Mal gesehen hatten, hatten sie plötzlich Probleme mit dem

Wagen und sie kehrten um. Kein Auto hatte sie überholt, und auf dem Gelände konnte man sich nirgendwo verstecken, dennoch war der Tramper verschwunden. Die Jungen glaubten, daß der Tramper ein Gesandter des Himmels gewesen sei, der sie vor möglichen Gefahren in den Bergen warnen wollte. Ein Korrespondent, der die Geschichte an die *Los Angeles Mirror and Daily News* (2. April 1955) schickte, schwor auf die Aufrichtigkeit und Zuverlässigkeit der Zeugen. Doch der Kolumnist Matt Weinstock war der Meinung, daß die Geschichte ein »Volksmärchen in Reinkultur« sei.[9]

Unbekannte Personen? Das Abenteuer des Gitarrenspielers

Es ist schwer, das Verschwinden eines Mitfahrers vor den Augen des Zeugen vernünftig zu erklären. Selbst wenn der Tramper nicht ständig im Blickfeld des Zeugen ist, so ist es doch kaum zu erklären, auf welche Art und Weise er aus dem fahrenden Wagen oder aus der Nähe des Wagens verschwindet. Diese unmaterielle Eigenschaft kennt man sowohl von den Geistern der Volkssage als auch von den Erscheinungen der Parapsychologie.

Per Definition ist die Stadtlegende eine weitverbreitete, oft erzählte Geschichte, die auf nicht gefestigten Beweisen beruht. Die Maus in der Colaflasche ist ein Beispiel dafür: durch den unangenehmen Geschmack des Getränks stutzig gemacht, entdeckt der Zeuge eine ganze Maus oder die Teile einer Maus in der Flasche und verklagt die Firma erfolgreich zu einem Schadensersatz von mehreren tausend Dollar. Es ist bekannt, daß sich solche Geschichten von Zeit zu Zeit bewahrheiten. Professor Brunvand nimmt an, daß in den glücklicherweise sehr seltenen Fällen, in denen die Nagetiere tatsächlich in Limonadenflaschen gefunden wurden, die Kunst dem Leben ein wenig nachgeholfen hat, und zwar durch die geschickten Finger einiger praktisch veranlagter Spaßvögel, die den Unterhaltungswert solcher Geschichten zu schätzen wissen. Wenn es Leute gibt, die das Motiv von der Maus in der Colaflasche als Anstoß für einen handfesten Scherz verwandeln, könnte es dann nicht auch andere geben, die den Phantomtramper als Vorlage benutzen? Zumal der Tramper zu den Klassikern dieses Genres gehört.

Für einen Spaßvogel, der nicht gerade als Stuntman oder Künstler professionell im Verschwinden geübt ist, erscheint es mir doch recht schwierig, sicher und unbemerkt aus einem fahrenden Wagen zu verschwinden. Man kann sich vorstellen, daß dies noch weitaus schwieriger ist, als eine tote Maus in eine verschlossene Flasche zu stecken, ohne Spuren zu hinterlassen. Andererseits ist es nicht schwer, einen geborgten Mantel oder Pullover auf ein vorher ausgesuchtes Grab zu legen, wie wir es aus der Variante C der Trampergeschichten kennen. Nach Professor Brunvand ist dies sicherlich schon vorgekommen. Es vervielfältigt »die interessanten Möglichkeiten, mit dem trampenden Geist, der auf einer bekannten Stadtlegende beruht, seine Späßchen zu treiben«.[10]

Ein Spaß, über dessen Geschmack man sicherlich streiten kann, der aber gleichzeitig auch eine Theorie liefert, an die man sich erinnern sollte, wenn man Berichte liest wie den aus der inzwischen eingegangenen Wochenzeitschrift *Reveille* vom 9. Mai 1957.[11] Darin wird berichtet, wie Richard Studholme, Leadgitarrist der Popgruppe Chicory Tip, seine Heimfahrt durch Kent unterbrach, um ein (nicht weiter beschriebenes) Mädchen am »Blueberry» (Blue Bell) Hill mitzunehmen.[12] Als das Gepäck des Mädchens im Wagen verstaut war, bat sie darum, nach West Kingsdown gebracht zu werden. Außerdem wollte sie, daß Studholme ihre Eltern anrufe, sobald er sie dort abgesetzt hätte. Während der Fahrt sprach sie wenig, und der Leser wird im ungewissen über die Nachricht gelassen, die der Gitarrist den Eltern überbringen sollte. Nachdem er das Mädchen wie gewünscht abgesetzt hatte, fuhr Studholme weiter nach Swanley, zu der Adresse der Eltern des Mädchens. Und wie wir sicher schon erraten haben: die Eltern erzählten ihm, daß ihre Tochter zwei Jahre zuvor an genau derselben Stelle ums Leben gekommen sei, wo die Tramperin gewartet hat.

Die Vermutung drängt sich auf, daß Studholme erst dann glaubte, einem Geist begegnet zu sein, als er die Geschichte eines anderen Autofahrers las, der ebenfalls am Blue Bell Hill einen Zusammenstoß mit einem Mädchen hatte, dessen Körper verschwand, bevor die Polizei eintraf. Dabei kann es sich nur um die vielpublizierte Geschichte von Maurice Goodenough (Juli 1974) handeln. Studholmes Erlebnis ging also voraus, und es mag manchen erstaunen, daß sein Bericht erst zehn Monate später erschien (im Mai 1975). Die Tatsache, daß der Bruder seiner Freundin bei der örtlichen Polizei war, bestärkte den Popstar zweifellos in dem Glauben, daß der Fall Goodenough echt war, und er begann sein eigenes nächtliches Erlebnis am Spukhügel mit anderen Augen zu betrachten.

Die erste Reaktion des Gitarristen bringt eine unerwartete originelle Note in die ansonsten schon recht abgegriffene Erzählung. Er reagierte weder mit Schock, Schrecken oder tiefer Abneigung wie die meisten Zeugen in den Volkserzählungen, denen man berichtet, daß ihr Mitfahrer bereits seit einiger Zeit tot ist. Studholme entschloß sich zu einer näherliegenden Lösung. Er glaubte nämlich, das Opfer eines schlechten Scherzes zu sein. Er nahm an, das Mädchen sei ein Mensch mit einem seltsamen Sinn für Komik, und die Tramperin habe ihn zu anderen Eltern geschickt, die vor kurzem ihre Tochter verloren hatten. Dabei wäre es sicher auch geblieben, hätte er nicht in den Zeitungen den Fall Goodenough verfolgt und festgestellt, daß auch andere Autofahrer dieses seltsame Erlebnis am Blue Bell Hill gehabt hatten...

Nun begann Studholme, sein Erlebnis neu zu überdenken, und wunderte sich, weshalb ausgerechnet er dazu auserwählt war, den Phantomtramper zu treffen. Trotzdem (soweit man dem Artikel entnehmen kann) glaubte er nach wie vor an seine ersten Eindrücke, das heißt an die Normalität des Vorfalls. Er hatte das Mädchen berührt, den Koffer in der Hand gehabt, den sie mitnahm, als sie in West Kingsdown ausstieg, und er erinnerte sich daran, während der Fahrt keinerlei Gefühl von Kälte empfunden zu haben. (Worauf er vielleicht auch erst durch andere Beschreibungen übernatürlicher Phänomene gekommen war.) Wenn wir davon ausgehen, daß die erste Beurteilung des Zeugen richtig war – daß der Tramper ein grausamer weiblicher Spaßvogel war und daß die Gründe, die sie zu einem solchen Scherz bewegt haben, im dunkeln bleiben –, dann lassen uns die Versuche des Journalisten kalt, der alles daransetzt, das übernatürliche Element in die Geschichte einzubringen, das heißt zu betonen, daß es anderen Autofahrern ebenso gegangen ist und auch sie bei den Eltern in Swanley angerufen haben. Zudem zögerte er nicht, die Ereignisse in einen Topf mit Goodenoughs verwirrendem »Unfall« zu werfen.

Ich überlasse es dem Leser, darüber zu entscheiden, ob Studholmes erste, rationalistische Einschätzung (Scherz) wahrscheinlicher ist als die zweite (Geist) und ob eine solche Geschichte, die auf den Seiten einer populären Illustrierten breitgetreten wird, überhaupt lesenswert ist. Doch bevor man die Geschichte vorschnell verwirft, weil sie der Version C der Trampergeschichte von Beardsley und Hankey zu ähnlich ist, möchte ich erwähnen, daß ich Kontakt zu einem nahen Bekannten von Studholme (der sich inzwischen in den USA niedergelassen hat) aufgenommen habe, um mir den Artikel im *Reveille* bestätigen zu lassen. Man sagte mir, der Vorfall habe wie berichtet stattgefunden und Studholme »kein Mensch sei, der solche Geschichten erfindet« (was im ersten Kapitel schon über den jungen Mann gesagt wurde, der vom Tramper in Stanbridge erzählte).

Normalerweise ist es unzulässig, daß ein Forscher lediglich die Stellungnahmen zum Charakter des Zeugen anbietet, anstatt zuverlässigere Beweise anzuführen. Das Zeugnis aus erster Hand ist immer am wertvollsten, das heißt, der Forscher muß sich mit dem Zeugen selbst unterhalten und nicht mit dem Freund eines Freundes oder seiner Schwester oder seinem Manager. Doch beinahe bei allen Phantomtrampergeschichten hat man keine Gelegenheit dazu, da der Zeuge fast immer anonym bleibt.

Es wäre unter diesen Umständen sinnvoll, sich mit jemandem zu unterhalten, der auf diese Anonymität verzichtet und offen erklärt, daß er einen Tramper mitgenommen hat, der dann unterwegs verschwand. Nach dem *Sunday Express* vom 21. Oktober 1979 zu urteilen, ist der Tapezierer Roy Fulton aus Dunstable genau so ein Mann.

5

Roy Fulton und der Phantomtramper

Roy Fulton ist ein schlanker, aschblonder junger Mann, dessen Hauptinteresse dem Dartspiel und dem Fußballclub von Liverpool gilt. Mit okkulten und übernatürlichen Dingen hat er nie etwas zu tun gehabt. Und er hat wohl auch früher nie an Erscheinungen geglaubt. Dieser Fulton gab nun zu Protokoll, er habe eine der umstrittensten Erscheinungen getroffen: den hoffnungslos strapazierten Phantomtramper.

Nächtliche Fahrt

Wie gesagt, ich spielte bei einem Dartturnier gegen Leighton Buzzard mit. Um ungefähr zwanzig nach neun ging ich und fuhr durch Stanbridge... es gibt da eine Straße, die Peddars Lane... ungefähr hundert Meter weiter hört die Straßenbeleuchtung auf. Da stand jemand auf der linken Straßenseite und trampte. Ich fuhr auf ihn zu und konnte ihn im Scheinwerferlicht sehen.

Er trug einen dunklen Pullover, dunkle Hosen und ein weißes Hemd mit offenem Kragen. Er kam, stieg ins Auto und setzte sich – er machte sogar die Türe selber auf. Ich fragte ihn, wohin er wollte, und er zeigte auf die Straße – er sagte kein Wort. Also nahm ich an, daß er entweder nach Dunstable oder nach Totternhoe wollte.

Ich fuhr weiter die Straße entlang, vielleicht fünf oder sechs Minuten, und hatte eine Geschwindigkeit von ungefähr sechzig Stundenkilometern.

Ich drehte mich um, um ihm eine Zigarette anzubieten, doch da war der Bursche verschwunden.

Ich bremste und sah auf dem Rücksitz nach, ob er da war. Er war weg. Ich krallte mich ans Steuer und fuhr wie der Teufel davon. Das ist alles...

Das ist alles: einige würden sicher sagen, das ist zuviel. Die eben zitierte Passage stammt aus einem Interview, das ich 1980 mit Fulton gemacht habe. Drei Jahre nach seinem Erlebnis war er immer noch überzeugt, daß die Geschichte echt war – daß er an jenem dunklen Oktoberabend einen Phantomtramper getroffen hatte. Ich habe das Band mit dem Interview vielen Leuten vorgespielt: Parapsychologen, einer Gruppe von Schülern, Freunden – kurz jedem, der es hören wollte. Die Reaktionen waren natürlich verschieden. Ein Mitglied der Gesellschaft für psychische Forschung hielt es für einen »typischen Fall einer Erscheinung«, und ein vierzehnjähriger Junge meinte ganz spontan: »Das glaub' ich nicht.« Wer kann schon sagen, welche die richtige Deutung ist? Die öffentliche Meinung und die Volkskunde berufen sich auf eine vierzehnjährige Beschäftigung mit der Angelegenheit. Die Parapsychologen, die diesen Standpunkt unterstützen, sind zugleich an die Forderungen der Logik gebunden. Vernünftige Erklärungen können aber erst nach der Durchsicht des ganzen Materials gewonnen werden.

Sally Staples war die erste, die Roy Fultons Erlebnis mit

ihrem Artikel »Trampte da ein Geist...?« im *Sunday Express* vom 21. Oktober 1979 in die Presse brachte. Dennoch sieht es so aus, als ob der Autor des gedruckten »Originals« näher am Ort des Geschehens war: es handelt sich um Anne Cox (später Court), die den Fall drei Tage früher schon in der *Dunstable Gazette* beschrieben hatte.[1] Als ich mich mit ihr unterhielt, gewann ich neue Eindrücke über den Augenzeugen und den Fall. Außerdem klärten sich einige Punkte, die auch nach meinem Gespräch mit Fulton noch im dunkeln lagen.

Wenn man feststellen kann, auf welche Wege der Journalist zum ersten Mal von der Geschichte gehört hat, ist man auf dem Weg der Wahrheitsfindung ein gutes Stück weitergekommen. Es kann sein, daß jemand, der einen Geist gesehen hat, den Zeitungen Meldung erstattet, um eine wahre Geschichte zu erzählen. Er kann dies aber auch genausogut tun, um persönlichen Ruhm zu ernten oder sogar aus Gründen materieller (finanzieller) Belohnung. Jede Form von Bereicherung, sei sie nun psychologischer oder finanzieller Natur, ist ein Hinweis darauf, daß die Geschichte Fiktion ist, und die bloße Tatsache, daß ein solches Motiv existiert, kann die Glaubwürdigkeit einiger Fälle erheblich beeinträchtigen, zumindest aus der Sicht des Forschers.

Es scheint jedoch, daß Roy Fulton keines dieser Motive besaß. Frau Cox kam auf Umwegen zu der Geschichte, und zwar über den Mann einer Freundin von Fultons Frau. Die Ausgabe der *Dunstable Gazette* mit dem Artikel »Das Rätsel der Nachtfahrt« erschien an einem Dienstag. Am nächsten Morgen rief der *Sunday Express* in der Redaktion an und bat um weitere Auskünfte. Einige Ausschmückungen der Geschichte, die in der Version des *Sunday Express* auftauchten, stammten nicht aus dem ersten Bericht der *Dunstable Gazette*, sondern von Anne Cox, die neben den Einzelheiten über das Wetter, die örtliche Geographie usw. auch die Namen zweier Personen lieferte, die von Sally Staples erfolgreich in ihrer Wiederaufbereitung der Geschichte zitiert wurden: bei den beiden Personen handelt es sich um Bill Stone, den Verleger, und um Polizeiinspektor Rowland.

Wenn man den Weg nachvollzieht, auf dem Roy Fultons Erlebnis gewissermaßen zum nationalen Allgemeingut wurde, stellt man fest, daß bestimmte Einzelheiten, die man im Bericht der Lokalzeitung beiseite gelassen hatte, nun eingefügt werden, um die Geschichte dem größeren Publikum des *Express* verständlich zu machen. Das beantwortet vielleicht auch die verwirrenden Unterschiede zwischen der Geschichte, so wie sie von Frau Staples wiedergegeben wird, und meiner Tonbandaufnahme vom Zeugen selbst. Ich möchte nun diesen Unterschied sowie eine mögliche Lösung anschließen. Ich muß feststellen, daß mir Fulton nicht wie ein Ruhmsüchtiger erschienen ist. »Bist du jetzt ein Star?« fragte ihn Bill Stone, der Pächter der Kneipe, als er mein Tonbandgerät sah. »*Klar*«, meinte Roy mit einem Ton, in dem mehr mitschwang als nur ein Hauch von Selbstverspottung.

Wenn man sehr skeptisch ist, könnte man natürlich sagen, daß diese Selbstironie auf mich, den Befrager, gemünzt war und gezielt eingesetzt wurde. Es versteht sich von selbst, daß 98 Prozent von dem, was er im Folgenden sagte, lediglich auf den Erlebnissen beruht, die er als einziger bezeugen kann und die als »wahres« Zeugnis eine verblüffende Ähnlichkeit mit Volkssagen aufweisen. Und es gibt somit auch keine wissenschaftlichen Mittel, einen möglichen Scherz mit Sicherheit auszuschließen. Die restlichen zwei Prozent bestehen aus der Tatsache, daß ich nur geringfügige und erklärliche Unterschiede zwischen der geschriebenen und der mündlichen Fassung der Geschichte finden konnte. Anne Cox war bereit zu glauben, daß der Mann die Wahrheit erzählte, so wie er sie empfunden hatte (sie hatte keinen Zweifel, was die zentralen Punkte der Geschichte betraf, und äußerte ihre Bedenken nur über die »historische« Deutung, ein Punkt, der im Folgenden noch diskutiert werden muß). Die Reaktion der Polizei ließ ebenfalls auf Vertrauen schließen. Und schließlich stieß die Geschichte auch in Fultons Bekanntenkreis nur auf offene Ohren, mit Ausnahme eines Mannes, der »so etwas nur glauben würde, wenn es ihm selber passiert«. Wenn all diese Punkte den kritischen Leser nicht beeinflussen können, bleibt nur noch die Alternative, das Ganze als ein Phantasieprodukt zu betrachten.

»Du schaust gerade drein, als würdest du einen Geist sehen«

Fultons Bericht fängt mit seiner Heimfahrt von einem Dartturnier in Leighton Buzzard an. Jeder, der etwas über Dartturniere weiß und vor allem auch über die Atmosphäre eines solchen Turniers, wird annehmen, daß der Zeuge nach dem Wettkampf recht angeheitert war. Doch das ist falsch. Im *Sunday Express* war nachzulesen, daß Roy an diesem Abend noch keinen Liter Bier getrunken hatte. Während unseres Interviews trank er etwas mehr, und ich hatte den Eindruck, daß er diese Menge durchaus verträgt, ohne in seiner Wahrnehmung getrübt zu sein. Fulton hatte auch allen Grund, mit dem Alkohol vorsichtig zu sein. Als Tapezierer muß er beweglich sein – oder wie er selber sagte, sein Führerschein ist sein Beruf –, und er versicherte mir, daß die Polizei von Leighton Buzzard bei Alkohol am Steuer ziemlich hart reagiere.

Kurz gesagt, Fulton streitet ab, am 12. Oktober 1979 betrunken oder angetrunken gewesen zu sein. Die Dunstabler Polizei konnte das nur bestätigen. Fulton war nüchtern, als er seinen Bericht zu Protokoll gab. Außerdem wäre es auch kaum zu glauben, daß ein Liter Bier bei seinem Erlebnis irgendeine Rolle spielen könnte. Kann diese Menge überhaupt eine Alkoholhalluzination bei einem Menschen hervorrufen, wenn ja, dann auch die Halluzination von einem verschwindenden Tramper? Es ist natürlich nicht ausgeschlossen, daß Fultons Fahrgast irgendeine Halluzination gewesen ist. Ich möchte die Sache aber nicht noch zusätzlich komplizieren und es im Augenblick dabei bewenden lassen.

Ungefähr zweieinhalb Kilometer westlich der A 5 liegt das Städtchen Stanbridge. Kurz hinter dem Gemeindehaus von Five Bell und nicht weit entfernt von der Stelle, wo die Straßenbeleuchtung endet, heißt die Straße nicht mehr Peddars Lane, sondern Station Road. Anne Cox beschrieb mir die Gegend »als ziemlich verlassen und flach«, eine der Straßen, die von einem Dorf ins andere führt. Alles ist eben, es gibt keine Hügel, keine Gräben und auch keine Bäume, kurz nichts, wo man sich verstecken könnte.[2] Dort las Roy Fulton den Phantomtramper auf.

Er fuhr in seinem Kleinbus auf dieser unbeleuchteten Strecke entlang. Er war weder besonders aufgeregt noch nervös und dachte mit Sicherheit nicht an Geister. Auf meine Nachfrage sagte er mir, daß auch in der Kneipe nicht über Geister geredet worden war. Er hatte kein Autoradio, das ihn unterhalten konnte. Die tiefschwarze Nacht war gelegentlich von Nebelfetzen durchbrochen, »was eigentlich am gespenstischsten war«.

Dann sah er den Tramper. Ich bat Roy, mir zu bestätigen, daß sein erster Eindruck der eines ganz normalen Trampers war. Er antwortete:

»Ja. Er trampte und streckte seinen Daumen auf die Straße. Ich fuhr vor ihn hin, und er mußte auf mich zukommen.«

So sah der Zeuge den Mann für einige Sekunden im hellen Licht der Scheinwerfer. Er erkannte dunkles Haar, ein weißes Hemd und dunkle Hosen. Das einzige Besondere oder vielleicht auch Verwunderliche an ihm war das Gesicht des Mannes: es war sehr bleich und ungewöhnlich lang. Roy zeigte es mir, indem er mit einer Grimasse seine eigene Kinnlinie nach unten verlängerte. Ansonsten erschien er völlig normal in Roys Augen: »Ich konnte ihn so deutlich sehen, wie ich Sie jetzt sehe«, fügte er hinzu.
Als nächstes sollten wir festhalten, daß der Tramper die Initiative ergriff und nicht der Fahrer: er ging auf das wartende Auto zu und *öffnete die Tür*.
Hier liegt der einzige Unterschied zwischen der gedruckten und der mündlich erzählten Geschichte. Der *Sunday Express* berichtete, daß Roy den Tramper in den Bus steigen ließ, doch in der Fassung, die ich auf Band aufgenommen habe, sagte er, »daß er nichts mit dem Öffnen der Tür zu tun hatte«. Sally Staples schrieb ihren Bericht nach Informationen von Anne Cox. In ihrem Artikel in der *Dunstable Gazette* erwähnt sie nicht, wer die Tür geöffnet hat. Es ist wahrscheinlich, daß das Hinzufügen dieser Einzelheit die logische Ableitung des *Express*-Reporters war. Der Autor, der eine Geistergeschichte wiedergab und nicht wußte, wer es dem Tramper ermöglicht hatte, in das Fahrzeug zu steigen, nahm an, daß ein Geist nicht fähig ist, mit dem Mechanismus einer Autotür klarzukommen. So schloß er, daß Ray Fulton für diesen Punkt des Ereignisses zuständig gewesen sein muß.
Die Tatsache, daß beim Öffnen der Tür automatisch die Beleuchtung im Wagen angeht, macht Roy Fultons Bild noch

wahrscheinlicher. Der nächste Punkt hingegen mag einigen Lesern recht unwahrscheinlich vorkommen, wenn nicht sogar unglaublich. Als er gefragt wurde, wohin er wolle, antwortete der Tramper nur mit einer wortlosen Geste – er deutete in Richtung Dunstable oder Totternhoe. Die ganze Zeit über findet keine Unterhaltung statt. Die Episode ereignet sich von Anfang bis Ende völlig lautlos, wenn man von dem Motorengeräusch des Wagens absieht. Würde ein Autofahrer in einer solchen Situation nicht wenigstens den Versuch machen, sich mit dem Mitfahrer zu unterhalten?

Vielleicht machte Roy Fulton auch diesen Versuch. Immerhin bot er dem Mann ja eine Zigarette an. Sicherlich nur ein schwacher Versuch, das Schweigen zu brechen, das seit der Anwesenheit des Trampers herrschte. Kennzeichnend ist, daß der Fahrer erst durch diese Handlung bemerkte, daß sein kurzzeitiger Begleiter verschwunden war.

Bevor wir fortfahren, können wir zwei Dinge feststellen. Das erste ist eine Verallgemeinerung; gewogene Leser mögen die offensichtliche Unwahrscheinlichkeit der schweigsamen Fahrt gerade als Indiz für ihre Wahrscheinlichkeit halten. Wenn Roy Fulton eine Geistergeschichte erfunden hätte, dann hätte er vielleicht auch versucht, die Glaubwürdigkeit seines Gespenstes dadurch zu steigern, daß er die Art von Unterhaltung einflicht, die wir erwarten, und zwar besonders von Trampern. Denn wie wir im zweiten Kapitel gesehen haben, sind die Tramper im allgemeinen recht gesprächig. Wieso stimmt Fulton dann nicht gleich ganz mit den Volkslegenden überein und erfindet einen weiblichen Tramper, der ja wesentlich häufiger vorkommt als der männliche?

Der zweite Punkt ist spezieller. Selbst wenn wir es merkwürdig finden, daß der Zeuge nicht versucht hat, mit dem Tramper ein Gespräch zu beginnen, sollte man doch berücksichtigen, daß Fulton die Sache damals ganz anders betrachtet hat.

Im Laufe unseres Gesprächs gab er zu, daß ihm das Schweigen des Mannes merkwürdig vorgekommen war, dann habe er aber angenommen, daß der dunkelhaarige Fremde vielleicht taubstumm sei. Er bestand darauf, daß dies seine Interpretation gewesen sei. Abgesehen davon ist Roy weder ein Mann, der mit Fremden sofort längere Gespräche führt, noch ist er ein Mensch, der einem anderen, der offensichtlich keine Lust hat zu reden, ein Gespräch aufzwingt. Bei näherer Überlegung ist dieses Schweigen zwischen Fahrer und Tramper also gar nicht so zweifelhaft, zumal ein sprechender Geist ja auch auf auffällige Weise den Volkslegenden entsprochen hätte.

Die ungesellige Veranlagung des Mitfahrers erklärt auch den nächsten Teil der Geschichte. Roy fährt los und konzentriert sich auf die Straße statt auf die Person neben ihm:

> Die Innenbeleuchtung ging an – daran erinnere ich mich – die Innenbeleuchtung ging an, die Tür schloß sich... das ist das letzte, ehrlich, das letzte, was ich erzählen kann. Denn Sie wissen ja, wenn man fährt und gerade wenn man auf einer Landstraße fährt, dann ist der Beifahrersitz vergessen – man hat nur Augen für die Straße, das ist es.

Es verstrich eine gewisse Zeit. Die Zeitungen haben die Zeitspanne nach der zurückgelegten Entfernung berechnet – zwei, vielleicht auch vier Kilometer fuhr Fulton mit sechzig bis siebzig Stundenkilometern Geschwindigkeit, und das heißt ungefähr drei Minuten Fahrtzeit. Das ist eine Schätzung, die man nach der Berichterstattung des Zeugen aufgestellt hat, und es ist nicht erstaunlich, daß Roy während unserer Unterhaltung glaubte, die Zeitspanne sei möglicherweise auch länger gewesen: »Ich denke, ich fuhr vielleicht

vier, fünf oder auch sechs Minuten.« Tatsache bleibt, daß er das Verschwinden des Trampers in dem Augenblick bemerkte, als er seine freundliche Geste machen wollte (»und als ich mich umdrehte, um ihm eine Zigarette anzubieten, bemerkte ich, daß der Bursche verschwunden war«). Er konnte jedoch nicht genau sagen, wann er verschwunden war und wie lange der bleiche junge Mann bei ihm im Auto gesessen hatte.
Roy reagierte instinktiv auf seine Entdeckung: er bremste (die *Dunstable Gazette* nimmt an, daß der Wagen nicht ganz gestanden hat), versicherte sich, daß der Mann nicht nach hinten in den Bus geklettert ist, obwohl er wußte, daß diese Möglichkeit so gut wie ausgeschlossen war. Es ist ebenso unwahrscheinlich, daß der Bursche aus dem Wagen gestiegen ist (dazu noch unbemerkt und ohne die Innenbeleuchtung einzuschalten), denn der Bus fuhr ja wenigstens sechzig Kilometer pro Stunde. Die Straße hinter ihm war leer; die flachen Äcker boten kein Versteck, selbst wenn der Mann unbemerkt aus dem Auto entkommen wäre – doch sollte man noch mal daran erinnern, daß der Vorfall bei stockdunkler Nacht stattgefunden hat. Als Fulton anfing zu begreifen, wurde ihm plötzlich kalt, obwohl seine Hände schwitzten. Er gab Gas und fuhr so schnell er konnte zu seiner Kneipe.
»Du siehst aus, als ob du einen Geist gesehen hättest«, sagte jemand, als er eintrat.
»Ja, hab' ich auch«, antwortete Roy grimmig.

Nachlese

Trotz seiner Abneigung gegen Whisky fühlte Roy, daß er einen ordentlichen Schluck Scotch benötigte. Dann erzählte er den Pächtern der Bar seine seltsame Geschichte und machte sich auf den Weg zur Dunstabler Polizei. Nicht in erster Linie, um etwas »in dieser Angelegenheit zu unternehmen«, sondern eher, um sich zu erkundigen, ob es noch mehr solcher Geistergeschichten gab.

Ein paar Wochen bevor ich mich mit Roy traf, habe ich die Dunstabler Polizei angerufen, um mich zu versichern, daß die Fakten, die im *Sunday Express* standen, und vor allem, ob die Haltung, die Inspektor Rowland zugeschrieben wird, in den wesentlichsten Punkten korrekt sind. Es sah so aus, als ob alles in Ordnung wäre. Roy Fulton – ein ganz normaler Bursche, wie ihn Rowland bezeichnete – hatte also von seinem verschwindenden Tramper erzählt, und obwohl seine Geschichte mit Stirnrunzeln vernommen wurde, schickte man doch einen Wagen an den Ort des Geschehens. Und wie nun auch ein Mensch ohne jeden Sinn für Geistergeschichten vorhersagen kann: man fand natürlich nichts. Nachdem sie alles mögliche unternommen hatte, zog sich die Polizei zurück. Was auch bestens zu verstehen ist, denn ein solcher Fall ist nicht gerade dazu angetan, daß man viel Zeit mit ihm verschwendet.

Aus Fultons Sicht reagierte die Polizei sehr zurückhaltend: »Sie sagten nie ja oder nein. Sie nahmen meine Aussage zur Kenntnis, aber sie sagten nie ›wir sind der Sache auf der Spur‹ oder etwas Ähnliches. Ich sagte ihnen, was ich gesehen hatte, doch sie bezogen keine Stellung.« Man nahm den Zeugen auch nicht mit zur Station Road, um vor Ort Untersuchungen anzustellen. Ich glaube, daß der Ort zur Genüge bekannt war und daß den Polizisten Fultons Beschreibungen genügt hatten.

> In der Zwischenzeit bin ich wieder dort gewesen, doch niemals bei Nacht. Ich bin nie wieder nachts dorthin gefahren, es war immer am hellen Tag. Ich meine, ich

fahre immer daran vorbei, wenn ich von Leighton Buzzard nach Hause fahre. Ich fahre immer noch diese Strecke, aber ich muß zugeben... bei Tag.

Roy war der Meinung, daß er nicht der einzige war, der den Tramper mitgenommen hatte. Doch die Dunstabler Polizei erzählte mir, daß es keine vergleichbaren Berichte gebe – Inspektor Rowland unterstrich die Seltenheit solcher Geschichten, was auch im *Sunday Express* zitiert wurde.[3] Anne Cox war so freundlich, die Artikel der *Dunstable Gazette* nach dem Erscheinen ihres Artikels »Das Rätsel der Nachtfahrt« zu beobachten, für den Fall, daß sich vielleicht andere Leute mit einem ähnlichen Erlebnis melden sollten. Nichts dergleichen wurde gefunden, und auch ein eventueller Zusammenhang mit einem tragischen Unfall läßt sich nicht nachweisen.
Anne schloß ihre Geschichte mit einem kurzen Abschnitt, der auf Informationen beruht, die sie vom Sohn einer Freundin von Frau Fulton erhalten hatte. Der Junge, der an einem Schulprojekt über Geistergeschichten aus der Gegend mitarbeitet, war auf die Geschichte eines jungen Schotten gestoßen, der vermutlich überfahren und getötet wurde, als er von einer Party nach Hause trampen wollte. Diese anonyme Gestalt sollte den Schlüssel zur Identität von Roys nächtlichem Mitfahrer liefern. Mit bewunderungswürdigem Eifer durchforstete Mrs. Cox ganze Stapel von Zeitungen der letzten sechs Jahre, suchte die Polizei und einige Einwohner von Stanbridge auf. Da sie keinerlei Beweise für das Unglück fand, mußte sie es weglassen und stellte die kleine Abschweifung als Gerücht oder Volkserzählung an den Schluß ihres Artikels. Der *Sunday Express* erwähnte das Opfer des tragischen Verkehrsunfalls überhaupt nicht, ebensowenig wie Roy Fulton während unseres Gesprächs.

Kritische Stimmen könnten jetzt sagen, daß dieses nicht bewiesene Volksmärchen, das ein Schuljunge ausgegraben hat, das Material für Roy Fultons Geistergeschichte lieferte.
Das würde bedeuten, daß der Tapezierer aus persönlichen Gründen die Geschichte vom schottischen Tramper benützt hat, um eine neue Version zu erzählen, in der er der Held ist. Vielleicht wäre die Abänderung auch notwendig, weil er zuwenig Einzelheiten über den Geist wußte. Freundlicher wäre es, anzunehmen, daß die Erinnerung an den Unfall weder freiwillig noch bewußt war – daß die Geschichte den Zuhörer im Unterbewußtsein beeindruckt hat und später auf ganz unerwartete Weise wieder lebendig wurde: als seltsame Wiederbelebung des Gedächtnisses, die sich als Halluzination ausdrückt.
Diese Hypothese beruht auf einer dreifachen Annahme. Um sich überhaupt, bewußt oder unbewußt, an die Geschichte erinnern zu können, hätte Roy Fulton vor dem 12. Oktober von dem Jungen, der Mutter des Jungen, seiner eigenen Frau oder irgend jemand anders diese Geschichte erfahren müssen. Unglücklicherweise gibt es keinen Beweis, der klären könnte, ob er die Geschichte vor dem 12. Oktober gehört hat oder nicht. Und selbst wenn er die Geschichte gekannt hat, ist es noch nicht gesagt, ob sie ihn so nachhaltig beeindruckte, daß er eine eigene Geschichte daraus gemacht hat oder sich die Nachwirkungen als Halluzinationen äußern. Diese Hypothese kann nicht erschöpfend untersucht werden.

Zwei verschiedene Vögel

Es gibt einfache Antworten auf den Phantomtramper von Stanbridge. Vielleicht hat Roy Fulton eine wahrscheinlich klingende unwahrscheinliche Geschichte erfunden. Dabei sind die überzeugendsten Aspekte das *Geschlecht* des Geistes, sein völliges *Schweigen*, der *Mangel an einem Vorwand* (es gibt keinen Gegenstand, der eine Identifizierung möglich macht, kein Datum, das auf einen überlebenden Geist hinweist). Das alles weicht von den herkömmlichen Geistergeschichten mit geschwätzigen weiblichen Trampern ab, in denen die Unterhaltung zwischen dem Tramper und dem Fahrer immer zu einer schönen, abgerundeten Geschichte führt – entweder weil der Erzähler glaubt, damit den Nachforscher überzeugen zu können, oder aber, weil es ihm an Phantasie mangelt. In Dunstable gibt es sicherlich Leute, die dieses Kapitel sehr genießen werden, denn sie wissen, daß es sich um einen Scherz, eine Farce handelt. Es wäre nicht das erste Mal, daß eine erfundene Geistergeschichte, von der auch jeder in der Gegend weiß, daß sie erfunden ist, offiziell gedruckt wurde. (Irgend jemand bemerkte einmal, daß bei diesen Trampergeschichten eher der Zuhörer mitgenommen werde und weniger der Geist. Das kann man natürlich auch auf die Parapsychologen übertragen.)

Die andere Möglichkeit ist, daß Roy Fulton wirklich in gutem Glauben erzählt hat und daß er trotz der Ähnlichkeit seiner Geschichte mit den »Stadtlegenden«, den Märchen, die zum Volksgut gehören, ganz aufrichtig das erzählte, was er gesehen zu haben glaubte.

Das Sprichwort sagt: »Eine Schwalbe macht noch keinen Sommer.« Selbst wenn sich Roy Fultons Geschichte wahr anhört, könnte ein Skeptiker protestieren. Der Phantomtramper als eigenes Phänomen ist unglaubwürdig. Wäre es nun nicht klüger zu sagen, daß die Fülle an Beweisen, die uns klarmachen, daß der Phantomtramper reine Fiktion ist, uns ihrerseits davon abhält, einem Beispiel nachzugehen, das auch anders interpretiert werden könnte? Denn Krähen sind ebenso wichtig wie Schwalben, und es gibt ein Sprichwort, das besagt, daß die Existenz einer einzigen weißen Krähe beweist, daß nicht alle Krähen schwarz sind. Kurz gesagt, diejenigen, die glauben, daß die Geschichte von Stanbridge wahr ist, die glauben auch, daß nicht alle Phantomtrampergeschichten Fiktion sind. Letztlich hängt es von der persönlichen Einstellung ab.

Die Kürze und Präzision der Episode von Stanbridge spricht immerhin dafür. Die Geschichte vom Phantomtramper von Blue Bell Hill dagegen widersetzt sich dieser Einstellung.

6

Der Spukhügel

Der Anfang der zweispurigen Strecke der A 229, die direkteste Verbindung von Maidstone nach Chatham, überquert einen kurzen, steilen Hügel, der sich nördlich des Gemeindehauses von Lower Bell erhebt. Offiziell heißt diese Straße heute Old Chatham Road. Früher hatte sie einen klangvolleren Namen: Blue Bell Hill Road, so benannt nach einer Ortschaft in der Gegend.

Dieser Hügel übt anscheinend seit viertausend Jahren eine unerklärliche Faszination auf die menschliche Einbildungskraft aus. Eines der berühmtesten neolithischen Monumente von ganz Südengland – Kits Coty House – steht auf einem angrenzenden Feld, und auch die verstreuten Steine, »Countless Stones«, sind in nächster Nähe. Das heimatkundliche Werk *Victoria County History of Kent* fügt hinzu, daß Thomas Wright glaubte, die verstreuten Steine bei Kits Coty House seien Deckplatten von Grabkammern, obwohl man bei Ausgrabungen im Jahre 1844 mehr Kieselsteine als Knochen zutage gefördert hat.[1] Allgemein gesprochen: Man nimmt an, daß der Blue Bell Hill vor rund viertausend Jahren eine monumentale Weihestätte mit menschlichen Überresten und Kunstgegenständen gewesen ist.

Der Blue Bell Hill gehört zu den Orten, die sich selbst eine Legende schaffen, so wie an einem Baumstumpf Pilze wachsen und gedeihen. Erstaunlich ist nicht, daß sich um den Blue Bell Hill eine Geistergeschichte rankt, sondern eher, daß der Geist eine so moderne Gestalt angenommen hat. Vielleicht findet jeder, der sich mit den lokalen Legenden, ihren Varianten und Umformungen beschäftigt, verschiedene Geistergeschichten, die untereinander durch das erkannte Phantomtrampermotiv verbunden sind.

Die Geschichte in ihrer Entwicklung

Manche Autoren haben versucht, eine Verbindung zwischen der neolithischen Stätte von Blue Bell Hill und dem Phantomtramper herzustellen. So zum Beispiel zu der Zeit, als Maurice Goodenough das Mädchen traf, das verschwand. Damals beobachtete die *Gazette* (Dunstable), daß die Straße auf dem Hügel an mehreren prähistorischen Gräbern vorbeiführt. Einige dieser Gräber waren bekannt, weil man okkulte Geschehnisse dort vermutete.[2] So wahr dies auch sein mag, so ist doch die Geschichte des bekanntesten britischen Phantomtrampers kaum mit diesem alten Hexenwerk in Verbindung zu bringen, ebensowenig wie mit modernen Hexereien. Außerdem steht der Hügel nicht in dem Ruf, ein Unglücksort zu sein oder Erscheinungen und Unglück anzuziehen. Seltsamerweiße ist die A 20 in der Nähe von Lenham viel berüchtigter, obwohl sie keinen Tramper hat. Seltsam auch, weil sich unter den tödlichen Unfällen auf dieser Straße vor zehn oder fünfzehn Jahren ein Unfall ereignete, der für eine Phantomtrampergeschichte geradezu maßgeschneidert zu sein scheint. Am 10. August 1968, einem Samstag, wurde dort ein Tramper überfahren und tödlich verletzt.[3] Ein Lokalreporter, der 1974/75 von einem »Todeshügel« schrieb, hatte sicherlich die

Kit's Coty House (oben) und Little Kit's Coty House, auch unter dem Namen »Countless Stones« bekannt (unten), wurden gelegentlich am Rande mit dem Phantomtramper in Verbindung gebracht.
(Photo des Autors)

Straße außerhalb von Detling, nordwestlich von Maidstone, im Sinn. Dort trugen sich vier tödliche Unfälle und drei Unfälle mit Schwerverletzten zu. Paradox ist aber, daß meines Wissens kein Mensch je annahm, daß es dort spuke, wogegen der Blue Bell Hill, an dem sich wesentlich weniger Unfälle ereigneten, durchaus den Ruf eines Spukhügels genießt. Dieser Ruf ist nicht mit der hohen Verkehrsdichte zu rechtfertigen, und es ist interessant zu beobachten, ob sich dieses Gerücht in den nächsten paar Jahren auch über Lenham und Detling verbreitet.

Ich kann mich natürlich irren, doch soviel ich weiß, erschien die erste gedruckte Erwähnung des Spuks am Blue Bell Hill am 10. September 1968 in der *Gazette* (einer Boulevardzeitung aus Mittelkent).[4] Abgesehen davon, daß die *Gazette* die wichtigste und vielleicht erste Version der Geschichte brachte, geht aus ihr hervor, daß Tom Harber, ein blinder Telefonist, versucht hat, Zeugen für ein Phänomen zu finden, das sich später als das berühmte Phantom entpuppen sollte.

Der erste Satz des Journalisten sprach von wiederholten Erscheinungen eines Mädchens, das am Fuße des Hügels wartet. »Alles deutet darauf hin, daß es sich um einen Geist handelt«, und er setzt voraus, daß die Geschichte auch schon vorher im Umlauf war. Diese Version vereinigt die wichtigsten Punkte einiger Gerüchte in sich und kann uns vielleicht helfen, die Geschichte, so wie man sie später erzählte, besser zu verstehen. Das Mädchen (das natürlich nicht näher identifiziert wird) verhält sich nach dem herkömmlichen Muster. Nachdem sie den Kontakt am Fuße des Hügels in der Nähe des Gemeindehauses von Lower Bell hergestellt hatte, plaudert sie auf der ganzen Strecke mit dem Fahrer, bis zur Week Street (eine stark befahrene Geschäftsstraße, die ins Zentrum von Maidstone führt), wo sie dann verschwand. Dem Artikel fehlt nur das kritische Element der Volkserzählung, daß nämlich der Fahrer die Identität des Mädchens bestimmen kann (und von ihrem Tod Kenntnis nimmt), indem er bei einer Adresse anruft, die ihm der Tramper gegeben hat. Harber mußte nach einigen Monaten ergebnisloser Suche zugeben, daß er keine Zeugen gefunden hatte. Er erhielt achtzig oder neunzig Telefonanrufe, aber die dreißig, die den Tramper von Blue Bell Hill betrafen, waren allesamt Geschichten aus zweiter Hand: Harber bekam nicht einmal eine Beschreibung der Erscheinung.

Soweit, und das würde wohl auch ein Volkskundler unterschreiben, bleibt die Geschichte ihrem Typ treu: eine gewöhnliche Trampergeschichte der Version A, in der es keine Zeugen gibt. Sicherlich nicht zustimmen würden sie der Behauptung, die Harber in drei langen Telefongesprächen und einer direkten Unterhaltung aufstellte: Daß er nämlich nicht weniger als zwölf Personen ausfindig gemacht und auch mit ihnen gesprochen hätte, die alle behaupteten, den trampenden Geist von Blue Bell Hill getroffen zu haben.

Einer der Augenzeugen scheint vielleicht sogar glaubhaft zu sein, zumindest strengte er sich an; ein rundes Dutzend weniger. Da ich keinen von Tom Harbers Informanten persönlich getroffen habe, kann ich nicht für sie sprechen oder eine unabhängige Bestätigung ihrer Geschichten bieten. Wir müssen uns mit Harbers Befunden begnügen, die er selber sorgfältig überprüft hat. Wir müssen ihm glauben, daß er besonders auf Widersprüche bei mehrmaligem Erzählen geachtet und einige Zeugen mehrmals befragt hat, so daß er schließlich feststellen mußte, daß alle Berichte »solide« waren.

Aus diesem Verfahren ergaben sich eine Anzahl von Punkten, von denen viele »negativ« waren. Keiner der Zeugen gab eine absolut genaue Beschreibung ab. Tom sagte mir: »Ich hätte wissen müssen, daß eine Menge Unsinn dabei war«, denn die

Zeugen werden stets vage, wenn es um Kleidung oder Äußeres ging. Alle nahmen an, daß das Mädchen ein ganz gewöhnlicher Mensch sei – zumindest zu Beginn des Erlebnisses: sie war weder durchsichtig noch in Gestalt oder Betragen irgendwie gespenstisch. Sie hatten alle einleuchtende und plausible Gründe, um zu erklären, warum es ihnen nicht komisch vorkam, daß ein Mädchen allein zu so später Stunde an einem so verlassenen Ort trampte. Tom Harber meinte, er habe mit zwölf »bodenständigen Leuten geredet und nicht mit irgendwelchen alten Jungfern, die sowieso alles glauben«.

Tatsächlich glaubt einer von ihnen bis heute noch, daß er ein lebendiges Mädchen mitgenommen hat, obwohl die Beweise ihn eigentlich entmutigen müßten. Harber kennt diesen Zeugen »extrem gut«. Er hatte den Mann unmittelbar nach dem angeblichen Vorfall befragt, und der Zeuge hatte erzählt, daß das Mädchen von ihrer Hochzeit gesprochen habe, die am nächsten Tag stattfinden sollte, und daß er sie nach Maidstone gefahren habe. Später hat der Fahrer dann die Adresse aufgesucht, die sie ihm gegeben hatte. Er wollte sich versichern, daß alles in Ordnung sei, doch seine Fürsorge kam etwas zu spät: Das Mädchen war genau vor einem Jahr bei einem Verkehrsunfall getötet worden, und zwar an der Stelle, an der sie getrampt hatte.

Dieser Vorfall aus dem Jahre 1966 war der erste Fall, mit dem sich Harber beschäftigt hat, und dieses Ereignis brachte ihn auch dazu, sich weiterhin damit auseinanderzusetzen. Also befragte er noch andere Leute – einen Krankenwagenfahrer, einen Postfahrer und so weiter, einen jeden, der ein ähnliches Treffen mit dem Mädchen auf der Straße hatte. Solche Fälle, in denen mehrere Zeugen dasselbe behaupten, kann man als kollektive »Geschichte« bezeichnen. Bei unserer zweiten Unterhaltung sagte Harber: »Ich habe niemals eine so gut abgestimmte Sammlung von Geschichten gehört.« Die beschriebenen Ereignisse stimmten ebenso überein wie die Uhrzeiten (23.00 Uhr). Der einzige Unterschied bestand darin, daß das Mädchen manchmal nach Chatham und manchmal nach Maidstone wollte.

Hier haben wir es mit einem perfekten Todestagsmotiv zu tun. Das Dumme ist nur, daß wir diese Geschichte nicht als ein Volksmärchen, sondern als eine Tatsache ansehen sollen. Ich habe diese Sammlung von Tom Harber, seine Forschung und seine Schlußfolgerung so dargestellt, wie er sie mir berichtet hat. Naturgemäß sind diese Geschichten auf den guten Glauben derer angewiesen, die Tom Harbers Meinung teilen, man kann sie aber auch als Beweise für das Gegenteil anführen. Tatsache ist lediglich, daß die zwölf Zeugenaussagen nie gedruckt erschienen sind, im Gegensatz zu einigen anderen Geschichten, und daß die Ergebnisse recht verwirrend sind.

Veröffentlichte Geschichten

Nach dem oben genannten Artikel über Tom Harbers negativ ausgefallene Suche bezeichnet die *Kent Evening Post* am 27. Februar 1969 den Blue Bell Hill »Alptraum der Autofahrer«. In diesem Artikel wird erzählt, wie David Smith aus Rochester angesichts zweier Fußgänger an sich selber zweifelte. Er sah sie auf dem Pflaster den Hügel hinauflaufen, doch als er auf ihrer Höhe war, waren sie verschwunden. Ein anderes Mal gingen sie auf der anderen Seite den Berg hinunter. Plötzlich sprang das Paar auf die Fahrerspur, direkt vor ein Auto, das aber durch sie hindurchfuhr, ohne jedoch irgendwelche Spuren von ihnen zu hinterlassen.

Diese seltsamen Fußgänger tauchen dann allerdings in meinen Materialien nicht mehr auf, und man sollte sie wohl als Belohnung für einen Kuriositätensammler betrachten. Wesentlich typischer für den Blue Bell Hill sind die kurzen Abschnitte dieses Artikels, die auf das unbekannte Mädchen anspielen, das in die Week Street möchte und verschwindet, bevor es dort ankommt. Die Abschweifung, die frei auf Smiths verschwindende Fußgänger folgt, klingt so, als ob man die Einzelheiten wieder aufgreifen wollte, die ein Jahr zuvor von der *Maidstone Gazette* über Tom Harber berichtet wurden. Der einzige Unterschied ist lediglich, daß das Mädchen nun auf der Spitze des Hügels trampte anstatt unten am Fuße.

Danach war es für kurze Zeit still um den Tramper. Als es aber auf Weihnachten zuging, in England die Zeit des Geschichtenerzählens, da war auch er wieder auf der Straße, wie ein skeptischer Journalist des *Kent Messager* bemerkte. In den ersten beiden Dezemberwochen wurden dem Verfasser zwei Autofahrergeschichten von dem »nun berühmten Mädchen« gemeldet. Entweder hatten zuvor die Straßenarbeiten in der Gegend die Geister vertrieben, oder der Appetit auf Märchen war wieder wach geworden und hatte die Tramperin auferstehen lassen. Sowohl der Ruf von Blue Bell Hill als auch die Antwort des Journalisten sind in einer Stellungnahme »zu der alten Leier von Geistergeschichten – einem saisonabhängigen Märchen« erwähnt.[5]

Bis zum Jahre 1974 erregte das Phantom keine weitere Aufmerksamkeit. Außer dem »Blueberry Hill«-Abenteuer des Gitarristen Richard Studholme, das im vierten Kapitel beschrieben wurde, stammt auch die Variation von Maurice Goodenough über dieses Thema aus diesem Jahr: Der Zeuge nahm das Mädchen nicht mit, sondern fuhr sie an, und kurz darauf war der Körper verschwunden. Die Journalisten waren von dieser Geistergeschichte tief beeindruckt. Deshalb

wurde sie als die Geschichte der Blue-Bell-Hill-Serie schlechthin behandelt, und das, obwohl sie mehr als eine Abweichung vom ursprünglichen Typ aufweist. Goodenough schätzte das Alter des angefahrenen Mädchens auf ungefähr zehn Jahre – eine Schätzung, die scheinbar im Widerspruch zur Heldin der Artikel von 1968–70 steht. Hätten die Verfasser dieser voreiligen Artikel die Jugend des angeblichen Trampers in Betracht gezogen, dann könnten wir erwarten, daß sie diese Tatsache zumindest erwähnten.
Nachdem der Phantomtramper das Interesse der Polizei und der Presse geweckt hatte, verschwand er wieder von der Bildfläche. Das war jedoch sicherlich nicht seine letzte Vorstellung. Ein Anwohner des Hill erzählte mir, daß die Polizei wenige Monate nach der ergebnislosen Suche nach Goodenoughs angefahrener Schülerin einen ähnlich lautenden Bericht von einer anderen Person erhielt. Dieses Mal gab es keine Presseberichte, und es sieht so aus, als ob die offiziellen Stellen Verdacht geschöpft hatten, daß vielleicht jemand aus dem öffentlichen Leben sich einen Scherz gemacht hatte, um seine Publicity zu steigern und die allgemeine Aufmerksamkeit zu erregen. Man kann darüber spekulieren, ob jemand die jüngste Geistergeschichte als willkommenes Modell für seine eigenen Phantasien benützt hat; es müßte sich schon um einen ganz ausgekochten Lügner handeln, denn die Polizei versteht überhaupt keinen Spaß, wenn sie ihre Zeit nutzlos vergeudet. Und wieder einmal ist es unmöglich, diese mündlichen Zeugnisse zu überprüfen. Man muß sie so hinnehmen, wie sie kommen – oder überhaupt nicht.
Goodenoughs Unfall zeigt, wie der Spuk vom Blue Bell Hill in den Köpfen der Leute mit einem Autounfall aus dem Jahre 1965 verknüpft ist. Bei diesem Unfall waren drei junge Frauen ums Leben gekommen. Eine von ihnen wollte am nächsten Tag heiraten. Diese Einzelheit kann bewiesen werden. Nicht

zu beweisen dagegen ist die Verbindung dieser Tatsache mit den Geistergeschichten, die davon herrühren sollen.

Der Unfallbericht

Das Polizeirevier von Maidstone, eine Unterabteilung der Polizeiwache in Kent, steht mit dem Phantomtramper vom Blue Bell Hill auf vertrautem Fuße. Dieser Tramper ist der örtlichen Sage nach der Geist eines Mädchens, das am Abend vor seiner Hochzeit getötet wurde. Berichte eines derartigen Unfalls sind schwer zu beschaffen. Ich mußte feststellen, daß die Polizei Unterlagen dieser Art nur fünf Jahre lang aufbewahrt. Das bedeutet in diesem Fall, daß man die Unfallberichte irgendwann 1970 vernichtet hat.
Dennoch ist es sicher, daß sich der Unfall, auf den die Geistergeschichte vom Blue Bell Hill anspielt, am Freitag, dem 19. November, spät am Abend zugetragen hat. Die Zeitungsberichte aus dieser Zeit bestätigen diese Datierung, passen jedoch nicht genau zu den Einzelheiten des Unfalls, die herangezogen werden, um den Phantomtramper zu erklären.
Die *Maidstone Gazette* berichtete, daß eine zweiundzwanzigjährige Frau kurz vor ihrer Hochzeit in der Marienkirche zu Gillingham schwer verletzt wurde. Sie befand sich mit drei anderen Frauen in einem Ford Cortina auf der Heimfahrt vom Polterabend, als sie mit einem Jaguar am Blue Bell Hill zusammenstieß.[6] Sie starb fünf Tage später im West Kent Hospital. Eine dreiundzwanzigjährige Frau starb noch am Unfallort, und ein drittes Mädchen wurde schwer verletzt. Das vierte Opfer, das auf dem Weg ins Krankenhaus starb, spielt eine ungewöhnliche Rolle in den Trampergeschichten,

Die Straßenkreuzung am Fuße des Blue Bell Hill war im November 1965 der Schauplatz eines schweren Autounfalls. Seitdem glaubt man, dieser Ort sei einer der Standorte des Phantomtrampers.
(Photo des Autors)

die sich auf dieses Ereignis beziehen: in einer seltsamen Logik betrachtete man sie oft als das menschliche Original des Phantomtrampers vom Blue Bell Hill. Ihr Name kam auch in verschiedenen Berichten über den Spuk vor. Ich werde sie im folgenden das »Mädchen von Rochester« nennen. Um die Geschichte vollständig zu erzählen, möchte ich noch hinzufügen, daß die beiden Insassen des anderen Wagens den Unfall überlebten.

Nach dieser These wäre das Phantom vom Blue Bell Hill entweder aus regionalen und immer wieder erzählten Variationen eines alten Motivs entstanden, oder aber es handelt sich um eine wirkliche Erscheinung, die zu Recht oder zu Unrecht mit dem Unfall aus dem Jahre 1965 in Verbindung gebracht wird. Wahrscheinlich haben viele dieser Episoden durch den Unfall ein höheres Maß an Glaubwürdigkeit gewonnen, denn der Unfall gab den Geistergeschichten eine logische Erklärung. Wir können sicher auch dem Gedanken zustimmen, daß es von einer gewissen emotionalen und künstlerischen Folgerichtigkeit zeugt zu glauben, daß der Geist eines tragisch verunglückten Mädchens versucht, seine letzte Reise zu beenden. Man vergißt leicht, daß der Zusammenhang zwischen tragischem Tod und Spuk in der psychologischen Forschung nur in seltenen Fällen angenommen wird. Im Volksglauben aber ist dieser Gedanke weit verbreitet.

Strenge Logik ist bei dieser Art von Geschichten fehl am Platze, wie wir an dem unterschiedlichen Verhalten des Phantoms vom Blue Bell Hill gesehen haben. In einigen Berichten, die Dennis Chambers hörte, ein anderer örtlicher Forscher, war das Mädchen still und soll der Geist der Braut sein. In anderen Fällen ist die Mitfahrerin äußerst geschwätzig, plaudert über die bevorstehende Hochzeit und wird (aus unerklärlichen Gründen) für eines der anderen Mädchen gehalten. Getroffen wird der Geist an verschiedenen Stellen des Hills.

Eine junge Frau, die dort lebt, erzählte mir, daß der Tramper ebenso an einer Bushaltestelle auf dem Berg als auch auf der zweispurigen Straße aufgelesen wurde.

Es ist immer noch rätselhaft, warum der Geist manchmal nach Chatham (oder andere Städte in Medway) und manchmal in die entgegengesetzte Richtung will. Joan Forman glaubt, diese Zweideutigkeit oder Unbestimmtheit seien Merkmale von Wesen aus einer anderen Welt und die Erscheinung eine an kein bestimmtes Verhalten gebundene Kreatur, die dazu verdammt ist, die ewig gleichen Handlungen an den immer gleichen Schauplätzen zu vollziehen, von sich aus aber frei entscheiden kann, ob sie nach Süden oder Norden reisen will.

Der Bericht über den Blue-Bell-Hill-Spuk in Formans Buch *The Haunted South* stellt einige interessante Variationen dar, die damals über den Unfall in der Presse von Kent erschienen sind.[7] Der dortige Journalist schrieb, daß es an einem Dienstagabend im November 1985 passiert wäre, als das Mädchen von einer Kneipe nach Hause fuhr, wo sie ihren Verlobten getroffen hatte. Der Zusammenstoß am Fuße des Hügels wurde ersetzt durch die Variante, daß der Wagen in einer Kurve von der Straße abgekommen sei.

Die Beschreibung der Tramperin deutet aber eher auf das Mädchen aus Rochester hin – eine Brautjungfer und nicht die Braut selber wäre also das eigentliche Opfer, dessen Geist immer noch auf der Straße Old Chatham Road sein Unwesen treibt. Ich kann bestätigen, daß Formans Quellen die lokalen Zeitungsberichte sind, die ungefähr neun Jahre nach dem Unfall geschrieben wurden. Die Fahrt zur Kneipe nach der Anprobe des Hochzeitskleides, der Wagen, der in einer gefährlichen Kurve von der Straße abkommt, sowie die Identifikation des Mädchens aus Rochester mit dem Phantomtramper sind Punkte, die alle in wenigstens zwei Artikeln von Nigel Nelson vorkommen.

Diese Artikel erschienen etwa zur gleichen Zeit, in der auch Maurice Goodenoughs Begegnung stattfand.[8] Unglücklicherweise konnte ich Nelson nicht treffen, um herauszufinden, woher er diese abweichenden Fakten bezogen hat. Ich wendete mich wieder den Artikeln selber zu, und man versicherte mir, daß sie die Zusammenfassung aller Erfahrungen, die der Korrespondent von Forman gemacht hatte, darstellen.

Besonders fragte ich mich, was Nelson dazu brachte, anzunehmen, der Geist sei die Brautjungfer aus Rochester. Ich fragte auch Tom Harber danach, doch er konnte es mir ebensowenig erklären. Trotzdem zitierten ihn die Zeitungen ausführlich zum Spuk von Blue Bell Hill. Er erzählte dem Journalisten, daß sich die Vorfälle meistens nach elf Uhr nachts ereigneten und daß alle möglichen Autofahrer die Tramperin trafen, egal, ob sie den Berg hinauf- oder hinunterfuhren. Die Fahrer, die nach Norden in Richtung Chatham fuhren, konnten sich auf eine zurückhaltende junge Dame gefaßt machen, die erzählte, daß sie in einen Unfall verwickelt gewesen war und nach Rochester wolle. Der Umstand, daß Harber diese Stadt erwähnte oder daß Maurice Goodenough von dort kam, mag den Verfasser darauf gebracht haben, eine Verbindung zwischen der Tramperin und dem aus Rochester stammenden Verkehrsopfer von 1965 zu sehen. Die *Maidstone Gazette* warf vielleicht unwissentlich einen Köder für die späteren Forscher aus, als sie ein Foto des Mädchens (und nicht der Braut) auf der Titelseite der Zeitung brachte. Als sich die Idee von dem spukenden Mädchen am Blue Bell Hill in den Köpfen festzusetzen begann, hatte man auch den verstorbenen Vater im Verdacht, ebenfalls dort herumzugeistern.

Zwei Geister, ein Geist oder gar kein Geist? Selbst wenn man die sowieso schon verwirrende Beweislage der Geistergeschichten betrachtet, scheint der Fall vom Blue Bell Hill doch alle anderen noch zu übertreffen.

Goodenoughs Begegnung

Die Presseberichte über diese Geschichte geben bedauerlicherweise kaum Einzelheiten über die Zeugen bekannt. Die Forschung möchte solche Details jedoch möglichst wissen. Wir haben gesehen, daß Tom Harber einige Jahre zuvor einigen Spuren nachgegangen ist und zu dem Schluß kam, daß es Begegnungen mit Erscheinungen tatsächlich gegeben hat. Er erklärte auch, er habe mit einem namentlich bekannten Zeugen gesprochen, dessen Erlebnis, das auch das Interesse der Polizei erregte, in lokalen wie auch landesweiten Zeitungen verbreitet wurde. Unglücklicherweise hatte diese Publicity eher nachteilige Wirkung. Der Zeuge, der keine Lust mehr hatte, sich als Trinker oder Mondsüchtigen bezeichnen zu lassen, zog sich zurück und weigerte sich, weiter über dieses Abenteuer zu sprechen. Doch obwohl er beinahe zu dieser Entscheidung gezwungen wurde, war Maurice Goodenoughs Begegnung mit dem verschwindenden vierzehnjährigen Mädchen im Juli 1974 die bekannteste und beweiskräftigste aller Episoden vom Blue Bell Hill.

In mancher Hinsicht war diese Geschichte untypisch, denn es handelte sich nicht um das Verschwinden einer reifen Frau, wie in den anderen Geschichten. Wenn sie überhaupt einer anderen Geschichte ähnelt, dann noch am ehesten der von den verschwindenden Fußgängern von David Smith aus dem Jahre 1969. Doch lassen wir diese Parallele außer acht und wenden wir uns lieber den Presseberichten dieser Zeit zu. Wir wollen versuchen, so gut wie möglich dieses Ereignis zu rekonstruieren. Zu diesem Zweck werden wir noch einige zusätzliche, wichtige Details aus anderen Quellen zu Hilfe nehmen.

Die Begegnung fand am Samstag, den 13. Juli 1974, um kurz nach Mitternacht statt. Das Mädchen erschien plötzlich aus dem Nirgendwo im Scheinwerferlicht, so als ob sie aus dem Boden geschossen wäre. Goodenough bremste hart ab, schleuderte und spürte einen Aufprall. Er sprang aus dem Wagen und fand das Opfer auf der Straße liegend. Die Knie waren aufgeschrammt, und die Stirne blutete. Das Mädchen sah aus, als sei sie zehn Jahre alt. Sie hatte schulterlanges braunes Haar, trug eine weiße Bluse, weiße Socken und einen

Die Straßenkurve am Blue Bell Hill. Ein Forscher ist der Ansicht, hier habe im Jahre 1974 das Erlebnis von Maurice Goodenough stattgefunden.

(Photo des Autors)

weißen Rock. Eine Einzelheit, die die *News of the World* in ihrem Bericht über den Unfall brachte, war die Angabe des Zeugen, daß die Kleine ihren Kopf bewegt und zwei- oder dreimal »Mutter« gemurmelt habe.

Goodenough trug sie zu einem Gehweg, der auf der linken Straßenseite entlangführte, und wickelte sie in eine Decke. Nigel Nelson meinte, es sei ein karierter Teppich gewesen.[10] Er versuchte ohne Erfolg, vorbeifahrende Wagen anzuhalten, dann ging er schließlich selber los, um Hilfe zu holen. Verschiedene Zeitungen in Kent erwähnten besonders, daß er das Kind nicht in seinen Wagen packte, weil er nicht genau wußte, was es für Verletzungen davongetragen hatte. Eine Telefonzelle war auch nicht in der Nähe. Er fuhr zur Polizei nach Rochester und erstattete Bericht. Die Polizei kam zum Unfallort, konnte jedoch nur die Decke finden. Das angeblich schwerverletzte Opfer war verschwunden, und die Sage vom Geist von Blue Bell Hill nahm ihren Anfang.

Die Suche erstreckte sich über beide Seiten des Hügels, der im Juli sicherlich reichlich belaubt war. Bei Dämmerung setzte man sogar Spürhunde ein, und die Suche wurde durch heftig einsetzenden Regen behindert.[11] Natürlich könnte man einwerfen, daß die Polizei keine Blutspuren fand und der Hund somit auch keine Witterung aufnehmen konnte. Nachforschungen in den umliegenden Krankenhäusern verliefen ebenfalls ergebnislos.

Auch an Goodenoughs Wagen fand man keinerlei Spuren des Aufpralls.

Die Journalisten waren sichtlich erfreut, als ein Polizeisprecher erklärte, dieser Vorfall sei der jüngste in einer Serie von seltsamen Ereignissen, die sich seit dem Tod zweier Mädchen ereignet hatten, die vor acht Jahren bei einem Autounfall an genau der Stelle umgekommen waren (obwohl mir andere Informanten glaubhaft versicherten, daß sich die Begegnung weiter oberhalb als der Zusammenstoß des Jaguars mit dem Cortina zugetragen hatte). Dieser Sprecher faßte auch die wichtigsten Berichte über den Blue Bell Hill zusammen. Er zitierte, jedoch ohne Namen zu nennen, einige Autofahrer und einen Motorradfahrer als Zeugen. Einer von ihnen hatte auch bei der Adresse angerufen, die ihm das Mädchen hinterlassen hatte, bevor es verschwand. Er mußte erfahren, daß seine Mitfahrerin bereits vor einigen Jahren am Hill gestorben war. Obwohl sich eines der Opfer des Unfalls von 1965 in Gilligham aufgehalten hatte, ist das wohl das erste Mal, daß die Stadt in den Geschichten von Blue Bell Hill eine Rolle spielt. Es gibt ein weiteres, offensichtlicheres Problem, wenn man Goodenoughs Geistermädchen mit den Geistern eines der drei Opfer von 1965 in Verbindung bringt: wenn Erscheinungen mit der gleichen Gestalt auftreten, die sie zu Lebzeiten besessen haben, dann ist es völlig uneinsichtig, wie eine der jungen Frauen, die alle Anfang Zwanzig waren, plötzlich als kleines Kind, halb so alt, erscheinen könnte.

Die Spur versandet

Goodenoughs Begegnung scheint sich ziemlich von den meisten Blue-Bell-Hill-Geschichten zu unterscheiden, die sonst im Zusammenhang mit dem Unfall von 1965 gesehen werden. Und in gewisser Weise ist es schade, daß diese Geschichte so eng mit dem allgemeinen Mythos dieser Gegend verquickt wurde. Selbst für sich genommen, erheben sich bei den vielen Berichten verschiedene Fragen. Was machte zum Beispiel der Zeuge in der Zeitspanne zwischen dem »Unfall« und dem Eintreffen der Polizei am Tatort? Nachfragen bei verschiedenen Polizeirevieren in Kent ergaben unterschiedliche Beweise.

So sagte eine Wache, daß Goodenough vor seinem Eintreffen telefonisch Mitteilung erstattet habe (eine verständliche Reaktion für jemand, der glaubt, in einen schweren Unfall verwikkelt zu sein). Andere Polizisten meinten, daß sie keinen Telefonanruf erhalten haben und von dem Unfall erst erfuhren, als der Fahrer selbst erschien, um ihn zu melden. Sicher ist jedoch, daß Goodenough um 12.15 Uhr nachts auf der Polizeiwache in Rochester erschien. Selbst wenn es sonst keinerlei Beweise gibt, so doch den, daß der Zeuge genau über ein Ereignis berichtete, das er für einen richtigen Unfall hielt. Offensichtlich glaubte er an ein menschliches Verkehrsopfer, und die Polizei startete deshalb eine Suchaktion: die »übernatürlichen« Erklärungen folgten später. In der regnerischen Dunkelheit des frühen Morgens suchten die Polizisten nach einem kleinen menschlichen Wesen, das von einem Wagen angefahren worden war, und nicht nach einem Phantomtramper. Die Art der Suche – an die sich ein Bewohner des Hill, der von der Polizei aufgeweckt wurde und sich versicherte, daß seine Töchter im Haus waren – läßt darauf schließen, daß zu diesem Zeitpunkt noch niemand an ein übernatürliches Ereignis dachte.

Man ging davon aus, daß das kleine Mädchen, das von dem ängstlichen Fahrer, der Hilfe holen wollte, allein zurückgelassen worden war, in die Nacht hinausgekrochen oder vielleicht sogar weggegangen war. Vielleicht waren ihre blutenden Wunden nur oberflächlich oder zumindest nicht so schwer, wie Goodenough angenommen hatte, als sie vor ihm auf der Straße lag. Mrs. Forman greift diese Theorie allerdings an und fragt, warum das Mädchen dann keine Spuren hinterlassen habe und warum keine Krankenberichte über eine medizinische Behandlung auftauchten. Verwischte der Regen die Spuren? Waren die Verletzungen so geringfügig, daß man sie nicht behandeln mußte?

Die Polizei fand auch bei einer verschärften Suchaktion keinerlei Spuren, aber das bedeutet nicht, daß die Kleine nicht vielleicht einen Unterschlupf gefunden hatte, lange bevor die Suche überhaupt einsetzte. Auf Grund der bewaldeten Gegend, des Regens und der Dunkelheit blieb sie vielleicht unentdeckt.

Doch bleiben Zweifel zurück – wie schnell fuhr zum Beispiel Goodenough? Es wäre möglich, daß sie nur leicht verletzt war. Trotzdem scheint es unumgänglich, daß sie früher oder später, verletzt oder nicht, ihren Heimweg angetreten haben muß. Warum lieferte bei all dem Rummel, den die Zeitungen machten, niemand eine Erklärung?

Hatte jemand ein Motiv dafür, das Verschwinden einer gewissen Person zu verschweigen? Oder wünschte diese Person selber, nicht in eine Geschichte hineingezogen zu werden, die sich langsam in eine Geistergeschichte verwandelte? Eine Idee, die damals kursierte, lautete, die Polizei nehme an, das Mädchen sei vielleicht aus einem örtlichen Kinderheim ausgerissen. Gleichgültig, ob diese Annahme stimmt oder nicht, bleibt es doch eine interessante Tatsache, daß nur drei Monate zuvor zwei unglückliche elfjährige Schülerinnen aus einer Schule in Maidstone von der Polizei aufgegriffen worden waren. Vielleicht wurden die Erinnerungen an dieses Ereignis während der Suche im Juli wieder lebendig.[12] Vielleicht war die Angst, zu so später Stunde an einem Ort gefunden zu werden, wo sie nicht hingehörte, für die junge Dame Grund genug, sich rasch wieder aufzurappeln und schnell zu verschwinden.

Trägt man all diese Annahmen zusammen – das Mädchen war ein Mensch, sie war sehr wahrscheinlich weniger verletzt, als es den Anschein hatte, und sie hatte vielleicht gute Gründe, schnell zu verschwinden –, kann man die Schlußfolgerung umgehen, daß das Mädchen ein übermenschliches Wesen gewesen sein muß. Auf den ersten Blick mag die Erfolglosigkeit des Spürhundes dafür sprechen, daß es ein übernatürlicher Unfall war, denn theoretisch hätte ein Mensch eine Spur hinterlassen, die ein Hund aufnimmt, was ein Geist nicht kann. Ein Anruf bei Hauptinspektor Clark bei der Polizeihundeschule in Essex ergab, daß die Geruchlosigkeit der Decke nicht unbedingt beweist, daß das kleine Mädchen geruchlos und damit eine Erscheinung war. Hauptinspektor Clark betonte, daß man bei der Arbeit mit Spürhunden eine Menge von Faktoren beachten muß. Unter Idealbedingungen verschwindet der Geruch auf dem Boden erst mit der Zeit. Der Geruch hält länger, wenn es sich bei der Oberfläche um Gras handelt. Abgesehen davon, daß schon einige Zeit vergangen war, bevor die Einsatzgruppe mit dem Spürhund am Blue Bell Hill eintraf, gab es das zusätzliche Problem, daß das Unfallopfer am Straßenrand lag, wo sich die Auspuffgase und der Geruch von verbranntem Gummi mit dem Körpergeruch vermischt haben müssen, ganz zu schweigen von den vielen verwirrenden Spuren, die der Suchtrupp selbst am Tatort hinterließ.

Man könnte nun annehmen, wenn der Geruch auf dem Boden nicht mehr wahrnehmbar war, dann wenigstens noch an der Decke, in die das Mädchen eingewickelt war, ihr Geruch haftete. Doch die vorherrschende Meinung, daß Hunde auf die Spur gesetzt werden, indem man ihnen einen Gegenstand oder ein Kleidungsstück des Gesuchten unter die Nase hält, ist ein Irrtum. Selbst wenn die Decke also noch Geruchsstoffe gehabt hätte, ist es nicht sicher, daß die Polizisten den Hund auch richtig darauf angesetzt haben. Hauptinspektor Clark sagte, daß Kriminelle in der Regel keine Gegenstände am Tatort zurücklassen, deshalb wäre es auch nicht sinnvoll, Hunde nur auf einzelne Gegenstände zu dressieren. An einem Unfallort wie dem unseren müßte ein Hundeführer jede Art von Spur aufnehmen und nicht nur die Decke beachten. Die letzte Analyse zeigt, daß das Versagen des Suchhundes weder die These vom Mädchen noch die vom Geist bestätigt oder mit Sicherheit widerlegen kann.

Interpretation der Beweise

Etwas sehr Seltsames scheint sich am frühen Samstagmorgen, dem 13. Juli 1974, am Blue Bell Hill ereignet zu haben – etwas, das den fünfunddreißigjährigen Maurer veranlaßte, so schnell wie möglich zum örtlichen Polizeirevier zu fahren und einen Bericht zu erstatten, der die Polizei in stundenlange Nachforschungen verwickelte. Es war ein Vorfall, der ihn noch tagelang selbst beunruhigte. Bald wußte Goodenough, daß er ein Teil der bekannten Geistergeschichte von Kent geworden war: das war allerdings eine Art von Berühmtheit, die er nicht unbedingt wollte.

Wenn wir davon ausgehen, daß das Ereignis tatsächlich stattgefunden hat, wie können wir dann erklären, was Goodenough in der Nacht gesehen hat? Sah er wirklich einen *Geist*? Das Wort trägt eine Menge von Bedeutungen, die darin gipfeln, das Phänomen als Geist einer verstorbenen Person zu identifizieren. Es gehört zur Tradition, daß der Geist an die Stelle seines Ablebens kommt, um dort in beinahe körperlicher Gestalt zu spuken. Sein Aussehen gleicht dem, das er kurz vor seinem Tod hatte. Außerdem soll der Geist eine Sache zu Ende bringen wollen, die er auf Grund seines Todes nicht mehr erledigen konnte. Landläufig nimmt man an, daß ein solcher Geist hinter dem Phantomtramper vom Blue Bell Hill steckt.

Tom Harber, der überzeugt vom Überleben der Geister ist,

glaubt fest daran, daß alle Vorfälle vom Blue Bell Hill, einschließlich der Geschichte von Maurice Goodenough, auf die zukünftige Braut zurückgehen, die nach dem Unfall im Jahre 1965 gestorben war. Seine Theorie beruht auf den Beschreibungen der Tramperin. Er stellte fest, daß sie nur gelegentlich voneinander abweichen.

In seiner Sicht war die junge Dame mehr als nur ein wenig aufgeregt, da sie so kurz vor ihrer Hochzeit stand. Dieser Grad an emotionaler Erregung sowie das Trauma, das sie beim Zusammenprall der Wagen erlitten hat, ermöglichten ihr ein Weiterleben in unserer Welt.

»Sie wollte einfach nicht sterben«, erklärte er. Was die beiden völlig entgegengesetzten Fahrtrichtungen des Trampers angeht, meint Tom Harber, daß die erste Tramperin nach Hause wollte (Tom nimmt an, sie kommt aus der Stadt), während das Mädchen manchmal auch in die andere Richtung trampt, weil das Auto in der Nacht, in der es starb, in diese Richtung fuhr. Kurz, Tom ist überzeugt, daß der ganze Spuk auf das Konto der jungen Braut geht und ihre Begleiterinnen nichts damit zu tun haben.

Es muß uns nicht unbedingt verwirren, daß das Geistermädchen nicht am eigentlichen Ort seines Todes spukt (im West-Kent-Krankenhaus), sondern am Ort des Unfalls, der ja letzten Endes für den Tod verantwortlich war. Spiritualisten würden sagen, daß die Erscheinung an den Ort gebunden ist, an dem das Mädchen zum letzten Mal bei vollem Bewußtsein war. Doch was hat es mit dem großen Altersunterschied auf sich, der Maurice Goodenoughs Mädchen von den anderen Anhalterinnen am Blue Bell Hill trennt? Ganz einfach – Harber nahm gar nicht wahr, daß es diesen Unterschied gibt. Die junge Braut war Anfang Zwanzig; Goodenough schätzte das Mädchen, das er angefahren hatte, auf ungefähr zehn Jahre. Das scheint nicht vereinbar mit dem Unfall von 1965 zu sein. Tom meinte, das Ganze sei doch nur die Schätzung eines Autofahrers, der sowohl durch die nächtliche Stimmung als auch durch den plötzlichen Schock, den er sicherlich erlitten hatte, als er sich plötzlich in einen schweren Unfall verwickelt glaubte, verwirrt und durcheinander war.

Diese nächtlichen Umstände waren sicherlich alles andere als günstig. Ein Presseartikel berichtete, daß heftiger Regen die Suchaktion der Polizei begleitete. Es könnte sein, daß es auch vorher schon geregnet oder zumindest genieselt hatte. Verbunden mit dem Schrecken bei dem plötzlichen Zusammenprall sind die Bedingungen dieser nachmitternächtlichen Begegnung auf einer unbeleuchteten Straße nicht gerade sehr günstig für die Identifikation des Opfers.

Der Zeuge schätzte das Alter des Mädchens nach Größe und ihrer Kleidung, wobei er vielleicht besonders an die weißen Söckchen dachte. Zusammengenommen deuten all diese Einzelheiten darauf hin, daß das Mädchen ungefähr zehn Jahre alt war. Tom macht die geniale Bemerkung, daß Leute sich oft nur aus dem Grund irren, daß sie zu sehr auf Äußerlichkeiten wie etwa die Kleidung schauen und sich davon beeinflussen lassen. Er wußte, daß die junge Braut zierlich und in der fatalen Nacht sehr »jugendlich« gekleidet war – man könnte beinahe sagen, wie ein Schulmädchen. Und sie trug weiße Söckchen.

Da es mir nicht möglich war, mit den Zeugen vom Blue Bell Hill zu sprechen oder mit Leuten, die von dem Unfall 1965 betroffen waren, kann ich leider keine unabhängige Bestätigung zur Erscheinung und Kleidung des Mädchens liefern. Einige Leser mögen sich vielleicht daran erinnern, daß Söckchen damals zur Teenagermode gehörten. Und es ist eigentlich nicht lächerlich zu behaupten, ein Mädchen habe sich so angezogen, daß es für einen ungeübten Beobachter nicht

möglich ist, ihr wahres Alter zu schätzen. Harber fügt hinzu, daß mehr als ein Dutzend seiner Zeugen durch die offensichtliche Jugend der Tramperin verwirrt waren.
Tom Harber hat sicherlich mehr Zeit und Mühe in den Spuk vom Blue Bell Hill gesteckt als irgend jemand sonst. Und selbst wenn wir seine feinsinnige spiritualistische Interpretation der angeblichen Ereignisse nicht teilen können, so verdient diese Arbeit doch Hochachtung. Es ist keine Abwertung, festzustellen, daß es in den Zeitungen verschiedene Darstellungen gibt, die es schwermachen, das Phänomen mit dem Unfall von 1965 und damit auch mit den Geistern in Übereinstimmung zu bringen.

In der frühesten Geschichte (1966) möchte das Mädchen nach Maidstone, gibt eine Adresse an und verschwindet, als der Wagen in der Week Street ankommt. So spielt Maidstone als »Heimat« des Mädchens eine wichtige Rolle. Zur Zeit des Unfalls stellte die Presse jedoch fest, daß sich die Braut in *Chatham* aufgehalten hatte. Selbst wenn sie den Abend vor ihrer Hochzeit nicht bei ihren Eltern verbrachte, ist dieser Widerspruch doch recht seltsam. Warum sollte ein Geist, der an seine Heimat gebunden ist, nach Maidstone wollen, wenn das nicht sein Heimatort war?

● Der Spuk von 1966 und alle anderen, die Tom Garner gesammelt hat, belegen die kalendarische Beständigkeit des Trampers. Der Geist der Braut begeht seinen Todestag, indem er versucht, die letzte fatale Reise vom 19. November 1965 zu beenden. Leider weisen nicht alle Ereignisse vom Blue Bell Hill diese genaue Beachtung des Kalenders auf, und gerade Goodenough hatte sein Erlebnis am 13. Juli und *nicht* am 19. November.

● Selbst wenn man die nervenaufreibenden Umstände in Betracht zieht, unter denen sich Maurice Goodenough mit dem Mädchen beschäftigte, das er angefahren hatte, ist es merkwürdig, daß er sich im Alter so verschätzt haben soll. Können wir diesen Fehler mit seiner großen Verwirrung entschuldigen?

Das sind natürlich keine unumstößlichen Einwände gegen Maurice Goodenoughs Interpretation. Blue Bell Hill bietet für eine spiritualistische Annäherung an den Phantomtramper sicherlich bessere Beweise als die meisten anderen dieser Geschichten, in denen die Auslegung kaum über Annahmen oder Mutmaßungen hinausgeht. Für diejenigen, die einer solchen Annäherung zustimmen, ist Blue Bell Hill sicherlich ein sehr gutes Beispiel dafür, wie ein Mensch den Tod überlebt. Für einen Volkskundler, der das Dutzend Zeugen von Tom Harber als »Freunde von Freunden« ansieht, erscheint die ganze Angelegenheit wie ein perfektes Beispiel für eine Version A der Trampergeschichte nach dem Muster von Beardsley und Hankey. Viele andere werden wohl eine mittlere Position einnehmen und zugeben, daß sich wenigstens ein tragischer Unfall am Blue Bell Hill ereignet hat, der Anlaß zu Gerüchten über eine seltsame Begebenheit geben konnte, aber sie werden höflich darauf verzichten, eine Verbindung zwischen den beiden Ereignissen herzustellen.

Die geheimnisvolle weibliche Erscheinung, eine ungekrönte Königin aller britischen Phantomtramper, hat viel für sich behalten. Die einzige Erwähnung der Tramperin, die neueren Datums ist, behandelte den Geist so wie eine der drei Geschichten, die Journalisten zu oft hören – Geschichten, die wie die reine Wahrheit erzählt werden, sich aber nach nur wenigen Recherchen immer als Fiktion erweisen.[13] Es sieht so aus, als ob der Phantomtramper vom Blue Bell Hill wieder zurück ins Reich der Volkssage gleitet, ungeachtet der Glaubwürdigkeit, die er vielleicht noch vor einem Jahrzehnt besessen hat.

7

Deutungen und Schlußfolgerungen

In Absicht und Verhalten ist der Phantomtramper der Volkssage ein durch und durch konventioneller Geist: er trifft genau die Erwartungen, die die Leute an einen Geist, sein Verhalten und die Gründe für dieses Verhalten haben. Der Tramper ist der Geist eines oder einer Verstorbenen, Opfer eines tragischen Verkehrsunfalls, der sein Leben zu früh beendete, und er verfolgt eine *Absicht*. Auf der persönlichen Ebene liegt der Hauptgrund des Erscheinens, zumal am Jahrestag des tragischen Ereignisses, für den Geist darin, die Heimreise zu beenden. Die Intelligenz des Opfers reicht vielleicht nicht aus, wahrzunehmen, daß es tot ist. Es ist jedoch fähig, zusammenhängend zu sprechen und zu denken, was den Zeugen dazu führt, eine Adresse aufzusuchen, wo man ihm sagt, daß sein Mitfahrer nur ein Geist gewesen sein kann. Das wiederum belehrt uns darüber, daß der Tod nicht das letzte Kapitel in der Geschichte des Menschen ist.

Parapsychologen (die das Wort »Geist« lieber durch »Erscheinung« ersetzen) werden dieses romantische Bild kaum unterstützen. Weniger weil die Berichte der Parapsychologie der landläufigen Auffassung widersprechen, derzufolge Geister die Geister von Toten sind, die aus mehr oder weniger logischen Gründen erscheinen, sondern vielmehr weil die zentralen Figuren in solchen Geschichten hinter ihren Gegenstücken aus der Volkssage zurückbleiben. Betrachtet man authentische Fälle, dann stellt man fest, daß es zwar auch Geister gab, die einen Zweck verfolgten, daß es aber weitaus mehr gibt, die keinerlei Absicht haben. Es gibt in den Berichten der Parapsychologie zwar auch sprechende Erscheinungen, aber keine wies das Bewußtsein und die sprachlichen Fähigkeiten des typischen Trampers auf. Die Beziehung zwischen Tragödie und Spuk ist äußerst schwach. Ein paar prominente Forscher gingen sogar noch weiter und behaupteten, daß Erscheinungen, was immer sie auch sein mögen, überhaupt nichts mit den Geistern Verstorbener zu tun haben.

Liebe, Tod und Romantik

Durch seine Verwandtschaft mit falschen Vorstellungen des Volksglaubens – Vorstellungen, die auf einem veralteten und überkommenen Umgang mit Erscheinungen und nicht auf richtigen Beweisen beruhen – bleibt der typische Bericht vom Phantomtramper zweifelhaft. Die Ansammlung stummer, unverständlicher und unerklärter Gespenster, die uns die Parapsychologie bietet, kann zur Bestätigung unseres absichtsvollen und gesprächigen Geistes nicht weiterhelfen. Daraus folgt, daß er im Gegensatz zu den Erscheinungen der Parapsychologie nicht authentisch, sondern eine Schöpfung der Volkssage ist. Die paar Berichte, die wenigstens ansatzweise überzeugend klingen, wie die Fälle Nunney, Stanbridge, Maurice Goodenoughs Begegnung am Blue Bell Hill und vielleicht noch der von dem Mann im Regenmantel auf der A 38 und dem Reisenden von Montpellier klingen gerade

darum glaubwürdiger, weil sie vom Kanon der Volkssage abweichen.
Alle diese Geschichten haben keinen zufriedenstellenden Schluß: Das Verhalten des angeblichen Geistes läßt weder eine Absicht erkennen noch sich auf eine Tragödie des Ortes beziehen. Unverständliche Geschichten mit offenem Schluß, in denen Sachen einfach passieren ohne einen offensichtlichen Grund, kommen in der Volkssage für gewöhnlich nicht vor. Sie gehören eher zur psychischen Forschung, deren Literatur von Geistern wimmelt, die lediglich erscheinen und dann für immer verschwinden. Glaubhaft sind diese Berichte, weil es immer namentlich genannte Zeugen gibt. Das scheint zu beweisen, daß es sich bei den Zeugen nicht um erschreckte Fahrer, um »Hysteriker«, handelt, wie sich der Polizist aus Nunney ausdrückte, die bei ihrer örtlichen Polizei einen Bericht über verschwindende Mitfahrer abgeben, den man eben glauben kann oder nicht. Die beinahe vorhersehbare Ergebnislosigkeit der polizeilichen Suchaktionen fällt weniger ins Gewicht als die Tatsache, daß überhaupt sofort eine solche Aktion gestartet wird.
Wenn man eine Geschichte entdeckt, die in ihrer Bedeutung auf eine Tragödie verweist, findet man meist auch mündliche Zeugen, die sich mangels anderer Beweise auf das alles erklärende Ereignis beziehen. Beardsley und Hankey wählten einen Phantomtramper aus, der sich offensichtlich für Hintergrundrecherchen eignete. Sie prüften die Berichte von Berkley in der Hoffnung, vielleicht Hinweise auf einen tragischen Unfall zu finden, der in Beziehung zur Heldin der Geschichte stand. Die Geschichte erzählte, daß die Tochter eines Professors an der Ecke Bancroft Way und College Avenue getötet worden war. Die relative Fülle erzählerischer Angaben versprach eine erfolgreiche Suche, dennoch fanden sie keinerlei Angaben über einen Unfall in dieser Gegend.[1]

Vielleicht war das Datum irreführend, vielleicht hatte der Unfall früher stattgefunden, als die Forscher annahmen, oder vielleicht auch an einem anderen Ort, den jemand dann mit Bancroft College verwechselt hat. Doch diesen Eindruck gewinnt man eigentlich nicht. Man ist eher geneigt zu glauben, daß die Nachforschungen der beiden wirklich erschöpfend waren. Ihr Beispiel deckt sechzig namentlich genannte Orte ab, und man kann wohl ihrem Urteil zustimmen, »wollte man die Quellen all dieser Geschichten verfolgen, das eine Menge Arbeit und Energie kosten würde und vielleicht am Ende überhaupt keine Ergebnisse bringt«.[2]
Die Schlußfolgerung daraus könnte lauten: Wenn der entscheidende Beweis fehlt, dann ist die ganze Geschichte vielleicht ebenso falsch wie der tragische Unfall, auf den sich die Geschichte beruft. Gelegentlich müßte man sich jedoch fragen, ob nicht vielleicht ein kleiner Funken Wirklichkeitsnähe der Angewohnheit zum Opfer gefallen ist, eine unzusammenhängende Geschichte durch Effekte abzurunden. Und vielleicht benützt man zu diesem Zweck einen »tragischen Unfalltod«, von dem man gerüchteweise gehört hat. Einen vergleichsweise ähnlichen Vorgang konnten wir bereits bei den Presseberichten über den Fall Goodenough feststellen, ebenso bei den Spekulationen über den Fall Stanbridge, wo von einem verstorbenen Dienstmann aus Nunney die Rede war. Dies ist ein Beispiel dafür, wie wir unsere eigene Form von Logik auf Fälle übertragen, die ihrer Natur nach unlogisch sind.
Die Verklärung des gewaltsamen Unfalltodes scheint ein tiefsitzendes Bedürfnis in uns zu befriedigen und äußert sich in den Geistergeschichten. Das ergibt sich nicht zuletzt auch aus den neunundsiebzig Fällen, die von Hankey und Beardsley untersucht wurden und auf die wir uns schon so oft bezogen haben. Von den achtundzwanzig Todesfällen, auf

die sie in ihrer Studie stießen, handelt es sich in dreizehn Fällen um Autounfälle, wobei wiederum in zehn Fällen das Mädchen erscheint, das angeblich an genau der Stelle gestorben ist, an der sie der heldenhafte Zeuge ins Auto steigen läßt. Der Verdacht der Verfasser, daß dieses Element womöglich anderen Geistergeschichten entnommen ist, ist sicherlich eine sehr plausible Schlußfolgerung.

Der tragische Tod eines jungen Mädchens kann doppelt wirksam sein, wenn er, vielleicht auch nur indirekt, die Folge von Liebe ist. Die Liebe ist ein weiteres wichtiges Element in der Produktion herkömmlicher Geistergeschichten. Zusammen mit dem gewaltsamen Tod ergibt sie ein so mächtiges Potential an Gefühlen, daß man annimmt, dieses Übermaß verhindere den normalen Werdegang und bewirke den Spuk. »Sie wollte nicht sterben«, meinte Tom Harber in bezug auf das Verkehrsopfer vom Blue Bell Hill aus dem Jahre 1965, das wir im vorangegangenen Kapitel behandelt haben. Dieser Satz könnte die Grabinschrift vieler weiblicher Phantomtramper sein, so auch der wiederauferstandenen Maria von Chicago, die in den dreißiger Jahren nach einem Streit mit ihrem Freund weglief und dann beim Trampen überfahren wurde. Sie hatte nie Gelegenheit, sich wieder mit ihm zu versöhnen.[3] Stirbt das Mädchen bei einem Unfall, wobei der Freund am Steuer oder an der Lenkstange sitzt – wie im Fall des Mädchens, das im Tunnel von Mersey auf dem Soziussitz umgekommen ist[4] –, dann sind die künstlerischen Kriterien erfüllt. Wir haben gesehen, daß eine Version des Vorfalls vom Blue Bell Hill das Bild von der Braut und ihren Begleiterinnen verwendet. Der Weg zum Verlobten kommt einem Todesurteil gleich. Wir haben festgestellt, daß die Zeitangabe die ganze Angelegenheit recht zweifelhaft erscheinen läßt, obwohl die Mädchen in ein Gemeindehaus wollten, das vielleicht nicht an reguläre Öffnungszeiten gebunden ist.

Das Motiv vom unterbrochenen Stelldichein erscheint im Fall von Peshawar. Wir haben diesen Fall zu Beginn des Buchs kurz erwähnt.[5] Angeblich sollen sich in Polizeiakten zusätzliche Berichte über das hübsche Mädchen in Weiß finden, das den Motorradfahrer Mahmood Ali auf einer Bergstraße anhielt und natürlich auch vom Soziussitz verschwand, bevor sie den Bestimmungsort erreicht hatten. Ali, der auf den Argwohn der Dorfbewohner reagierte, bestätigte, daß die Tramperin ein zwanzig Jahre altes Mädchen namens Nassera Begum gewesen sei. Eine Photographie des verstorbenen Mädchens läßt keinen Zweifel an ihrer Identität zu. Nassera war von einem Lastwagen überfahren worden, als sie an der Straße entlangging und ihren Freund suchte. Nun glaubte man, sie ginge immer noch auf dieser Straße und locke unglückliche Männer in den Tod, um sich zu rächen.

Volkskundler werden die Charakteristik der Version C wiedererkennen (der Tramper als vampirartige Bedrohung der Lebenden) und das Motiv der Identifikation durch ein Photo.

Der Fall von Peshawar klingt zu melodramatisch, als daß er wahr sein könnte. Die Berichte der Parapsychologie sind durch Beweise gestützt, doch ihre fragmentarische Natur bewirkt, daß sie aus künstlerischer Sicht zu wahr sind, um zu stimmen. Die Ergebnisse der Parapsychologie sind kaum mehr als zögernde Folgerungen aus den Analysen sorgfältig geprüfter Berichte. Es ist nicht ratsam, sie als Richtlinie bei Fällen zu verwenden, in denen die Erscheinung vom traditionellen Geisterverhalten abweicht und über die Kriterien der Forscher spottet. Die folgende Geschichte aus Südafrika zeigt uns einen Phantomtramper, der allem Anschein nach der Geist eines Unfallopfers ist.

Der Fall von Uniondale

Motorradfahren und Liebe, die von plötzlichem und jähem Tod durchkreuzt wird, bilden ein Merkmalspaar, das auch die Erzählung von dem Tramper bestimmt, der regelmäßig bei Barandas, in der Nähe von Uniondale in Südafrika, sein Unwesen treibt. Die Tramperin, es handelt sich wieder um eine Frau, begeht anscheinend ihren Todestag. Sie starb am 12. April 1968 bei einem Autounfall. Nun wartet sie, vorzugsweise in kalten, feuchten Nächten, auf eine Mitfahrgelegenheit (am liebsten mit allein fahrenden Männern), um ihre Reise zu beenden. Wenn man dem gedruckten Material Glauben schenken kann, wurde sie wenigstens viermal mitgenommen.

Der jüngste dieser Fälle passierte dem zwanzigjährigen André Coetzee am Karfreitag 1980. Dieser Fall ist jedoch der unspektakulärste – André fühlte lediglich eine »Anwesenheit« hinter sich auf dem Motorrad. Später nahm er an, es sei die Geisterfrau gewesen. Man könnte diese Geschichte damit erklären, daß der Fahrer von dem Spuk in der Gegend wußte und sich die Sache vielleicht selber einredete, übernervös war oder sich alles einfach selber ausgedacht hatte. Das Zusammentreffen von Mister und Mrs. Leonard Fraser mit einer in Weiß gekleideten, vielleicht auch durchsichtigen Figur sieben Jahre zuvor kann mit denselben Argumenten in Frage gestellt werden.[6]

Die Geschichte fängt erst an, die Phantasie zu beschäftigen, mit der seltsamen Fahrt von Dawie van Jaarsveld im Jahre 1978. Wenn man diese Geschichte und das ebenfalls außergewöhnliche Erlebnis von Anton la Grange erzählen will, taucht eine Schwierigkeit auf: die beiden Hauptzeugen, David Barritt und Cynthia Hind erzählen sie auf sehr unterschiedliche Weise.[7] So ungeschickt es vielleicht auch aussehen mag, die einzige Möglichkeit zur Unterscheidung der beiden Berichte ist die, in Klammern jeweils Anmerkungen zu machen.

Ein leichter Nieselregen fällt bei Uniondale. Es ist ungefähr 9.35 Uhr abends, 31. März (April 1978: *Hind*) auf der Barandas-Willowmore Road. Dawie van Jaarsveld, Korporal in der südafrikanischen Armee, war auf der letzten Etappe seiner 200 Kilometer langen Fahrt. Er war auf dem Weg zu seiner Freundin nach Louterwater, und um sich nicht zu sehr zu langweilen, hörte er Transistorradio. Dieses Gerät, oder vielmehr der Kopfhörer, spielt in der einen Version der Geschichte eine nebensächliche Rolle, in der anderen ist es ziemlich wichtig. Eine attraktive brünette Frau in dunklen Hosen und Hemd (blaues Hemd: *Hind*) allein auf der einsamen Straße, bei häßlichem Nieselregen, macht ihn stutzig. Er hielt an und bot ihr eine Mitfahrgelegenheit an. Korporal van Jaarsveld behielt kühlen Kopf, ließ den Motor laufen und hatte den Gang eingelegt, denn halb befürchtete er, sie sei der Lockvogel einer Bande, die haltende Fahrer überfallen.

So beobachtete er das Mädchen sorgfältig durch seinen Rückspiegel, als es auf ihn zukam (*Barritt*). Er wendete seinen Kopf und fragte, ob er sie mitnehmen solle, doch der Lärm des Motors und die Musik (ganz zu schweigen von den Kopfhörern) waren so laut, daß er nur eine Silbe verstand. Sie hatte ihm wohl eine Adresse genannt, wo sie hinwollte (»-straat«: *Barritt*). Er erklärte ihr, daß er sie nicht verstehe, und da er annahm, sie wolle in die Gegend von Uniondale (*Hind*), bat Jaarsveld sie, zu nicken, wenn sie mitfahren wolle. Das tat sie dann auch.

Daraufhin gab ihr der Korporal einen Schutzhelm und bot ihr an, den zweiten Kopfhörer für das Radio zu benützen, denn die Musik würde sie wach halten (Hind). Dawie machte den Ersatzhelm los und stülpte ihn über den Kopf des Mädchens

Corporal Dawie van Jaarsveld, Held der Episode von 1978 aus der Serie der Phantomtrampervorfälle, die sich in Uniondale ereigneten.

(Photo mit freundlicher Genehmigung des FATE Magazine)

(*Barritt*). Dabei starrte ihn die junge Frau so ausdruckslos an, als ob er durchsichtig wäre; eine Reaktion, die den Mann etwas schaudern ließ.
Die Maschine war ein paar Kilometer gefahren, fünfzehn Kilometer etwa (meint *Hind*), als Jaarsveld ein Rumpeln bemerkte und die Maschine leicht schlitterte. Da er meinte, ein Reifen sei platt (*Hind*) sah er nach hinten und mußte feststellen, daß er ohne seine Mitfahrerin fuhr. War sie heruntergefallen? Der Motorradfahrer fuhr die ganze Strecke im Zickzack von Straßenseite zu Straßenseite zurück, um die Dunkelheit zu durchdringen und beide Straßenseiten abzuleuchten. Nach ein paar Kilometern hörte er das seltsame Rumpelgeräusch wieder: es war der Ersatzhelm, den er dem Mädchen ausgeliehen hatte, und der nun lose am *Gepäckständer* befestigt war. In Hinds Bericht war der Helm fest auf dem Soziussitz festgezurrt, und die Frau fehlte. Was nicht fehlte, war der zusätzliche Ohrstöpsel für das Radio – Korporal van Jaarsveld fand ihn *in seinem eigenen Ohr*, was darauf schließen läßt, daß er den Helm unterwegs nicht abgesetzt hatte. Die zusätzlichen Gegenstände und ihre Benutzung durch das Mädchen sind sicherlich übernatürliche Vorfälle, und es ist schade, daß sie nicht in David Barritts Erzählung vorkommen.
Es gibt auch beim Schluß der Geschichte einige Unterschiede. Cynthia Hind behauptet aufgrund eigener Nachforschungen, daß der Zeuge (wie er selbst behauptet hat) schnurstracks in Petros Café ging und buchstäblich so aussah wie jemand, der einem Geist begegnet ist. Die Pächterin erinnerte sich an den zerstreuten Zustand des Besuchers und bestätigte, daß sie dachte, er habe den örtlichen Phantomtramper getroffen. Als nächstes suchten die Nachforscher die Louterwaterfarm auf, und einer der Bewohner sagte, daß Korporal van Jaarsveld tatsächlich in einem ziemlich beunruhigenden Zustand ange-

kommen sei und er der Familie seine Geschichte erst am nächsten Morgen erzählte. David Barritt fügte hinzu, daß der Zeuge seine übernatürliche Mitfahrerin mittels des Photos eines Verkehrsopfers eindeutig identifiziert hatte. Leider gab er nicht an, wie lange nach dem Vorfall die Identifikation vorgenommen wurde.
Das Photo zeigte Maria Charlotte Roux, eine zweiundzwanzigjährige brünette Frau, die am 12. April 1968 um 4.30 Uhr morgens ums Leben kam. Der Wagen, den ihr Verlobter steuerte, geriet in der Karoo-Wüste, nicht weit von Uniondale entfernt, von der Straße. Diese Tatsachen, zusammen mit der Annahme, daß das Mädchen die Vorlage für den Phantomtramper sei, der jedes Jahr in der Osterzeit auf der Straße spukt, sorgten für viel Publicity und einen weiteren Zwischenfall im Jahre 1976, den sowohl Hind als auch Barritt beschreiben. Aber wieder sind die beiden Beschreibungen nicht gleich.
Anton Le Grange (La Grange: *Barritt*) aus Oudtshoorn begegnete der Tramperin ungefähr dreizehn Kilometer von Uniondale entfernt. Es war um 19.15 Uhr, und man schrieb den 1. Mai 1976 (12. Mai 1976: *Hind*). Regen, Kälte und Dunkelheit veranlaßten den Fahrer, einem Mädchen, das eigentlich nicht richtig getrampt hatte, eine Mitfahrgelegenheit anzubieten. Die junge Frau hatte dunkle Haare, ein blasses Gesicht (wie in van Jaarsvelds Erzählung) und trug dunkle Hosen und eine marineblaue Jacke mit Knebelknöpfen (*Hind*, vgl.: einen dunklen Dufflecoat bei Barritt). Die Tramperin wollte zu der Adresse »De Lange, 2 Porter Street« (Porter Street 2, De Lange: *Barritt*). Le Grange war gerade wieder angefahren, als ihm einfiel, daß er ja nach Oudtshoorn fuhr, es dort aber keine Straße mit diesem Namen gebe. Als er sich umdrehte, um die Frau noch mal nach der Adresse zu fragen, war sie verschwunden.

Die Karoo-Wüste bei Uniondale (Südafrika). Diese Gegend befindet sich ganz in der Nähe des Unfallortes von Maria Roux, der Frau, die man für den Phantomtramper hält.

(Photo mit freundlicher Genehmigung des FATE Magazine)

Nun verwirrt sich die Reihenfolge der Ereignisse etwas. Le Grange berichtete natürlich der örtlichen Polizei von diesem Vorfall. Der Beamte vom Dienst, Constable Potgieter, erinnerte sich noch deutlich an diesen Besuch. Doch das, was nun folgt, ist problematisch.

Constable Potgieter erzählte Cynthia Hind, daß Le Grange mit völlig konfusem Blick, aber nüchtern aufgetaucht sei. Sein Verhalten überzeugte ihn so sehr, daß er es immerhin für nötig hielt, ihn zum Schauplatz des Spuks zu begleiten. Auf dem Weg dorthin passierte etwas sehr Seltsames: Potgieter sah, wie sich die hintere Tür von Le Granges neuem Mercedes öffnete und wieder schloß, gerade so, als wenn jemand ausgestiegen wäre. Vielleicht könnte man diesen Vorfall mit der defekten Schließmechanik der Tür erklären? Doch Le Grange fügte hinzu, daß in den Augenblicken, als das geschah, ein markerschütterndes Gelächter zu hören war.

In Barritts Version gab Potgieter, obwohl er von der Ernsthaftigkeit des Fahrers beeindruckt war, nur den Ratschlag, Le Grange solle den ganzen Vorfall vergessen. Le Grange befolgte diesen Rat auch, aber als er wieder aus Uniondale herausfuhr, vernahm er in seinem Wagen einen grauenhaften, hysterischen Schrei, der ihn so erschreckte, daß er auf schnellstem Wege wieder zurück zum Polizeirevier fuhr. Diesmal ließ er sich nicht beschwichtigen, und Potgieter zeigte sich einverstanden, ihm zu folgen. Er fuhr im Polizeibus hinter ihm her, und von seiner erhöhten Position aus konnte er beobachten, wie sich die rechte hintere Tür von Le Granges Wagen sachte öffnete, als ob jemand an ihr hantieren würde. Während des ganzen Vorgangs fuhren die Wagen mit einiger Geschwindigkeit. Man kann wohl annehmen, daß sich der Vorfall mit der Wagentür wirklich ereignet hat, hingegen aber noch einige Unklarheit herrscht, was den Schrei betrifft. Gellte der Schrei vor oder nach dieser Episode? Le Grange glaubte, es handele sich um den Todesschrei der jungen Frau, die, wie er später herausfand, ein Unfallopfer aus dem Jahre 1968 war (*Barritt*). Constable Potgieter seinerseits war von dem Phänomen der sich öffnenden Tür stark beeindruckt. Beide Artikel erwähnen, daß er daran glaubte, etwas Übernatürliches sei geschehen (*Barritt*) und der Geist sei im Wagen gewesen. Aber *wessen* Geist?

Nach Barritts Feststellung, daß Le Grange seine Mitfahrerin mit Hilfe des Photos identifiziert hat, liegt die Vermutung nahe, daß es sich bei dem Geist um das unglückliche Verkehrsopfer handelt. Cynthia Hind läßt uns eher im ungewissen. Sie schrieb, daß sich ein Leutnant namens Giel Pretorius von der südafrikanischen Luftwaffe auf den Zeitungsbericht hin gemeldet und behauptet habe, daß der Spuk im Zusammenhang mit dem Tod seiner Verlobten Maria Roux stehe. Sie war am 12. April 1968 ums Leben gekommen, als sie bei einem Sturm mit ihrem Wagen von der Straße abgekommen war und über einen Damm geworfen wurde. Pretorius zeigte ein Photo seiner Verlobten, die Le Grange sofort wiedererkannte.

Im Gegensatz zu der Version von Barritt war Le Grange laut Hind nicht absolut sicher, ob das Mädchen auf der Photographie dasselbe war, das er mitgenommen hatte – obwohl er eine große Ähnlichkeit feststellte. Wir haben noch die zusätzliche Information eines Polizisten, der den Unfall im Jahre 1968 betreute: er gab an, daß die Verstorbene eine dunkelgrüne Hose und einen marineblauen Dufflecoat trug. All das verstärkt den Eindruck, daß die beiden Frauen, so unglaublich es auch erscheinen mag, ein und dieselbe war.

Es war Mrs. Hind, die die losen Enden der Geschichte zusammenknüpfte. Die Adresse in der Porter Street bleibt weiterhin ein Rätsel. Das Verkehrsbüro in Kapstadt konnte eine Straße dieses Namens nur in Worcester finden, und

Nummer 2 war ein Jungeninternat, wo der Name »De Lange« völlig unbekannt war. Trotz intensiver Nachforschungen konnten leider weder Herr Pretorius noch die Mutter von Maria Roux ausfindig gemacht werden, die umgezogen war. Da stehen wir also mit der lokalen Legende von Uniondale, der zufolge der Geist des Mädchens nur in dunklen, feuchten Nächten zur Osterzeit erscheint, um seinen Todestag zu begehen, und das auch nur, wenn ein einsamer männlicher Fahrer unterwegs ist. Cynthia Hind, die nur zwei Dokumente kennt, mit denen sie ihre These stützen kann, zitiert die Meinung verschiedener Autoritäten. Dr. Laubscher, ein Schriftsteller aus Port Elizabeth, der sich mit Problemen des Übernatürlichen beschäftigt, ist der Ansicht, daß ihre unerlöste Liebe Maria Roux an die Erde fesselt und sie besonders sensiblen Personen erscheinen läßt. Andere Stimmen sprechen ernsthafter von »subjektiven Erlebnissen«. Und mit ein paar atmosphärisch ausgeschmückten Kommentaren zu ihrem eigenen Aufenthalt an der Stätte des Spuks schließt Frau Hinds faszinierender Artikel.

Wenn wir vielleicht mit einigen Schwierigkeiten die Unterschiede der beiden Artikel nachvollzogen haben – wobei es sehr lobenswert ist, daß sich jemand die Mühe gemacht hat, Zeugen zu befragen –, dann kann uns die Geschichte von Uniondale als hervorragender Beweis dafür dienen, daß der Phantomtramper üblicherweise als der Geist eines Verstorbenen gedeutet wird. Natürlich hängt wie gewöhnlich alles von der Glaubwürdigkeit der Augenzeugen ab. Doch in diesem Fall gibt es *zwei* Zeugen, *zwei* Journalisten, *zwei* verschiedene Vorfälle, und alles deutet auf einen Geist hin, der den Regeln der Volkslegende folgt: er hat einen tragischen Ursprung und erscheint regelmäßig (an seinem Todestag) von neuem.

Wenn wir uns noch einmal an Beardsley und Hankey erinnern, wird uns klar, daß nicht alle Tramper diesen tragischen Ursprung haben. Die Propheten der Version B zum Beispiel gehören sicherlich zu einer anderen Sorte übernatürlicher Wesen. Wenn das Verhalten als Schlüssel zur Existenz des Trampers gesehen wird, dann müssen wir die Ursprünge dieser verschwindenden Propheten, deren Prophezeiungen niemals in Erfüllung gehen, ganz woanders suchen. Und wieder einmal müssen wir tief in das Reich der Volkssage eintauchen.

Nächtliche Gestalten

Betrachtet man lediglich sein Verhalten, dann erscheint der Phantomtramper gelegentlich weniger wie der Geist eines Verstorbenen als vielmehr wie eine jener unheilbringenden Gestalten, deren Vorliebe für einsame nächtliche Straßen auch schon unseren Vorfahren nächtliche Reisen vergrault haben. Das größte Vergnügen dieser Geister bestand darin, Verwunderung und Schrecken hervorzurufen – und dies sind die einzigen Motive, die man bei den Straßengeistern von Nunney und der A 38 feststellen kann. Zu diesem Ergebnis wird man immer kommen, wenn man versucht, die Augenzeugenberichte logisch zu untersuchen. Lavater bemerkt: »Diese wandernden Geister treten oftmals Reisenden in den Weg, bringen sie vom Wege ab und versetzen sie... in Angst und Schrecken...«[8] Im gleichen Kapitel bemerkt er, daß am meisten unter diesen Geistern die Fuhrleute zu leiden hätten – denen heute am ehesten unsere Autofahrer entsprechen.[9]
Professor Jones bemerkt in seiner Abhandlung über die geschichtlichen Prototypen der Phantomtramper des 20. Jahrhunderts im Zusammenhang mit dem Übernatürlichen,

daß es meist böswillige Mitfahrer waren, die sich in Pferdefuhrwerken breitmachten. Ein Beispiel, das er anführt, wirkt beinahe dämonisch; ein anderes erinnert an Hexenwerk – am Schluß der Geschichte fliegt die Erscheinung aus dem Wagen in die Lüfte.[10] In Malaysia ist der Tramper mit dem *Langsuyar* verwandt, einer Art Vampir, dessen weiblicher Charme junge Männer dazu verführt, ihnen eine Mitfahrgelegenheit anzubieten, sobald sie sie am Straßenrand sehen. An einem strategisch günstigen Ort – häufig im dichten Dschungel oder in der Nähe eines Friedhofs – überredet der *Langsuyar* den Fahrer, anzuhalten, und verschwindet dann, grauenvolle Schreie ausstoßend, in der Nacht. Wenden wir uns nochmals Davidson-Acres Erlebnis zu. Wir sind wohl alle der Meinung, daß eine Frau, die geräuschlos verschwindet, das geringere der beiden malaysischen Übel ist.[11]

Bei all den Erscheinungen, Hexen und Geistern, die hinter der Erscheinung des Trampers stehen sollen, ist es nicht erstaunlich, daß selbst der Satan in dieser Rolle gesehen wird. Dieser Gedanke steht hinter der Ballade mit dem Titel »Der Teufel und der Kutscher, oder menschlicher Schrecken«, die im Jahre 1684 zum ersten Mal gedruckt wurde. Vielleicht sollten die Leser glauben, daß der Dichter einen wahren Sachverhalt beschreibt, denn er lädt die Skeptiker ein, den schwerbetroffenen Zeugen selber aufzusuchen und sich ein eigenes Bild von der Geschichte zu machen:

> …in *Baldwins Garten* liegt ein Friedhof,
> Hunderte sagen, daß jener Mann noch lebt,
> Und wer immer sich die Mühe macht, dorthin zu gehen,
> Wird einen wahren Bericht hören;
> Ja, mit eigenem Mund wird gern er das enthüllen,
> Was ich euch erzählt.

Nach dem Bericht des Verfassers begann dieses seltsame, aber wahre Abenteuer, nachdem ein Kutscher einen Mitfahrer in Water Lane abgesetzt hatte. Nach guter Trampertradition benützt auch der Teufel selbst die populärste Transportmöglichkeit seiner Zeit. Diese Erzählung steht in Beziehung mit den darauffolgenden Geschichten, in denen das Transportmittel ein Taxi ist. Außerdem befolgte er den Brauch, sich einem menschlichen Wesen so ähnlich wie möglich zu machen:

> Der Teufel erschien in Gestalt eines Mannes
> Und stand gegen einen Pfosten gelehnt
> Und hielt eine Pergamentrolle in der Hand.
> Er rief den Kutscher, der vorbeikam.
> Der Kutscher glaubte, er müsse Wegegeld bezahlen...

Diese Geschichte endet nicht mit dem plötzlichen Verschwinden des Teufels; er verwandelt sich vielmehr in einen Bären, den der Kutscher mit seiner Peitsche verjagte. Der Kutscher kam davon, wurde aber gelähmt und »fürchtete, sich nie wieder zu erholen«. Diese Ballade erinnert uns daran, daß nicht jede Epoche und jede Kultur die transportsuchenden Geister mit den tragischen Geistern des menschlichen Todes in Verbindung gebracht hat. Sie wurden vielmehr entsprechend den vorherrschenden kulturellen Gegebenheiten, dem Glauben oder den unterbewußten Bedürfnissen gedeutet.[12]

Halluzinierte Tramper

Während der Volksglaube davon ausgeht, daß die Erscheinungen ein beinahe physisches Eigenleben führen, nimmt die Parapsychologie eher an, es handle sich um geistige Gebilde, Dinge, die nur in der Phantasie existieren. In diesem Zusammenhang wird häufig das Wort Halluzination verwendet. Leider ist diese Verwendung nicht ganz glücklich, denn der Begriff Halluzination wird häufig negativ gesehen, und zwar im Zusammenhang mit geistig Gestörten, Betrunkenen oder unter Drogensüchtigen. Wenn man einem Geisterseher sagt, er habe vielleicht eine Halluzination, dann kommt das schon beinahe einer Beleidigung gleich, denn man deutet damit an, daß die Person nicht ganz normal ist, vielleicht sogar verrückt, und daß die Erscheinung selbst etwas war, das gar nicht wirklich »passiert ist«.

Seit über hundert Jahren versuchen die Parapsychologen nun schon zu erklären, es sei bewiesen, daß gewöhnliche, ausgeglichene und nüchterne Leute von Zeit zu Zeit eine Halluzination haben können und daß die Unwirklichkeit dieser Erscheinungen nur relativ ist. Für denjenigen, der eine Halluzination hat, ist sie real, sehr real sogar, und sie erfüllt dieselben Kriterien wie die alltägliche Realität. Die Tatsache, daß Halluzinationen keine feste, physische Existenz haben, ist dabei nebensächlich.

Der Geist als Halluzination bedingt die Vorstellung eines besonderen geistigen Mechanismus, der derlei Dinge ermöglicht. Es handelt sich um einen geistigen Zustand, in dem eine andere Wirklichkeitsstufe in Kraft tritt. Die Ursachen für eine Halluzination kann man normalerweise kaum erklären – warum nahm sie gerade diese Form an und keine andere – warum trat sie genau in diesem Augenblick bei diesem Menschen auf? Wollte man die Idee noch ein wenig weitertreiben,

ist es sogar denkbar, daß Geister von Toten mit den geistersehenden Zeugen in Verbindung stehen (vielleicht durch Telepathie). Die Projektion dieser Kommunikation äußert sich dann in der Halluzination.
Theoretisch gehorcht die Handvoll Tramper, die anders ist als ihre Gegenstücke aus der Volkssage, den Mustern, die G.N.M. Tyrrell von der Gesellschaft für psychische Forschung beschrieb, als er das fiktive Porträt einer perfekten Erscheinung entwarf.[13] Das Phantom muß immer der Wirklichkeitswahrnehmung des Zeugen entsprechen: das heißt, es muß in seine Alltagsrealität passen. Es muß fest und dreidimensional sein. Es muß genauso wie wir auf physikalische Objekte reagieren. Roy Fultons bleicher junger Mann sah nicht anders aus als ein anderer junger Mann, der versucht zu trampen. Er stieg in den Wagen und öffnete die Tür. Er ging weder durch die geschlossene Tür, noch tauchte er plötzlich auf dem Rücksitz auf. Tyrrell würde argumentieren, daß die Fähigkeit der Erscheinung, einen Türgriff zu betätigen und dabei die Innenbeleuchtung im Wagen einzuschalten, völlig logisch sei und nur die Realität der Illusion unterstütze. Fulton dachte, er sehe einen ganz normalen Menschen. Ein ganz normaler Mensch aber kann nur in einen Wagen gelangen, indem er die Tür öffnet. Und schließlich wußte auch der Zeuge, daß die Bedienung des Türgriffs die Innenbeleuchtung einschaltet. Wenn auch objektiv gesehen die Tür sich nicht öffnet noch das Licht angeht, kann es dennoch sein, daß der Zeuge *glaubt*, all diese Vorgänge hätten stattgefunden, und zwar aus dem Grunde, weil er fest damit gerechnet hat. Es handelt sich dabei um Zusatzkonstruktionen, die notwendig sind, um den Eindruck von Realität zu steigern.
So überzeugend und sogar real diese Tramperhalluzination auch sein mag, so gibt es doch einen Punkt, an dem es nicht weitergeht. Es gibt eine natürliche Eigenschaft aller Halluzi-

Halluzinationen sind für jeden, der sie erlebt, sehr real. Unter der Hypnose von Hypnotiseur Ralph Slater reagieren zwei Mädchen völlig hysterisch auf den Anblick eingebildeter Mäuse.
(Photo mit freundlicher Genehmigung von Gerald Duckworth and Co. Ltd.)

nationen: sie gehen vorbei. Es wäre unlogisch und unmöglich, wenn sie länger anhalten und den Menschen in eine Art Traumwelt versetzen würden.
Die genauen Gründe und der psychologische Vorgang dieser Umkehr von der Halluzination zum normalen *Status quo* sind mysteriös. Wenn wir einige Phantomtramperfälle als Halluzinationen betrachten, stellen wir fest, daß der Umkehrprozeß sehr rapide vonstatten gehen kann. Die Gestalt löst sich nicht langsam im Nichts auf wie die Katze bei »Alice im Wunderland« – sie verschwindet vielmehr ganz plötzlich. Das bleibt jedoch eine bloße Vermutung, denn es gehört zur Geschichte, daß der Zeuge den Geist niemals verschwinden sieht. Er hat nicht die Muße, seinen Mitfahrer zu beobachten. Roy Fulton betonte ja, daß er auf die Straße schauen mußte. Man nimmt jedoch an, daß das Verschwinden ganz plötzlich vor sich geht: im einen Augenblick merkt man noch, daß sich jemand auf dem Beifahrersitz befindet, im nächsten Augenblick ist er verschwunden. Psychologisch gesehen heißt das: Wenn die Halluzination vollzogen ist, wendet sich das Bewußtsein wieder einer anderen Wahrnehmung zu, und die Erscheinung verschwindet, die Vision ist beendet.
Bei den glaubhafteren dieser unglaubhaften Trampergeschichten trennt der Moment des Verschwindens den normalen vom übernatürlichen Teil der Geschichte. Da gibt es keine Fahrt zu leidenden Eltern, da erfährt man nicht, daß der Mitfahrer ein Geist gewesen ist – da gibt es nur den Akt des Verschwindens selbst. Wenn der Phantomtramper eine Halluzination ist, die auf einer Art »gemeinsamem Bild« beruht (eine Möglichkeit, der wir gleich noch näher nachgehen wollen), warum sind dann die beweiskräftigen Episoden nur fragmentarisch, unvollständig?
Theoretisch gesehen gäbe es nicht viel einzuwenden gegen eine Halluzination, wobei die Erscheinung mit dem Zeugen

redet. Wie wir bereits erwähnt haben, sind die meisten Geister, die man in den Dokumenten der Parapsychologie trifft, stumm oder zumindest kurz angebunden. Es gibt auch keine Einwände gegen die Möglichkeit, daß mehrere Zeugen dieselbe Halluzination zur gleichen Zeit haben. Wenn wir den Fall von Montpellier für bare Münze nehmen, hätten wir es mit einer solchen kollektiven Halluzination zu tun. Tyrrell entdeckte, während er die Berichte der Gesellschaft für psychische Forschung studierte, daß es nicht weniger als 130 solcher Fälle von kollektiven Halluzinationen gab, wobei diese Zahl seiner Meinung nach noch nicht alle Fälle umfaßt.

Es ist möglich, daß eine Unterhaltung während der Halluzination so überzeugend sein kann, daß der Zeuge seine Reise verlängert und zu der Adresse fährt, die im Verlauf des Gesprächs genannt wurde. Es ist weniger einfach, der Unterhaltung dadurch Gültigkeit zu verleihen. Da die Angabe der Adresse weitaus mehr ist als nur ein erstaunlicher Zufall, müssen wir annehmen, daß der Tramper tatsächlich der Geist eines Verstorbenen ist oder aber daß der Zeuge während seiner Halluzination plötzlich Zugang zu ihm sonst fremden und unbekannten Informationen hat. Die Existenz des Geistes, der Adressen hinterläßt, ist jedoch kaum beschrieben, abgesehen vielleicht von Harbers zwölf Fällen am Blue Bell Hill und ein paar anderen Geschichten. Richard Studholmes Abenteuer war ja, wie wir bereits im vierten Kapitel festgestellt haben, ein schlechter Scherz.

Die fragmentarischen Geschichten sind etwas glaubwürdiger, nicht weil sie den Geistertheorien der Parapsychologie eher entsprechen, sondern weil sie eher mit den Erkenntnissen übereinstimmen, die man über Zusammenhang und Dauer der Halluzination gewonnen hat. Träume oder durch Drogen ausgelöste Halluzinationen besitzen normalerweise keine durchgehende und in sich schlüssige Erzähllinie. Wenn bei einer Halluzination ein Tramper sich nicht in den Geist der Volkssage verwandelt, der eine Adresse angibt, dann deshalb nicht, weil das die Möglichkeiten dieser Halluzination sprengen und somit das notwendige Maß an Realität bedrohen würde. Ein verschwindender Tramper, selbst wenn er in kurzen Sätzen spricht, kann vorkommen. Er könnte ja zum Beispiel vor einer gefährlichen Kurve warnen, die bereits im Bewußtsein des Halluzinierenden präsent ist, etwa als Ergebnis einer besonderen Vorsicht des Fahrers oder auch seiner Kenntnis von dem Aberglauben, daß es an dieser Stelle spukt. Doch eine Halluzination, die mehr persönliche Informationen enthält, ist eine andere Sache. Gegen die Last, die dadurch dem Zeugen auferlegt wird, kann man protestieren (er riskiert eine unverständliche Antwort von völlig fremden Menschen zu bekommen, wenn er sich zu der vom Geist angegebenen Adresse begibt).

Reisen in die Phantasie

Das verschwindende Phantom hinterläßt keine Spuren – im Gegensatz zu den Geistern aus der Volkssage, die je nachdem Seetang oder Wasserpfützen zurücklassen. Es gibt keine physische Bestätigung des Vorfalls, denn die Begegnung fand nicht auf physischer Ebene statt. Der Zeuge, der sich natürlich nicht bewußt ist, daß er sich von einer Realitätsebene auf eine andere bewegt hat, ist durch das völlige Fehlen eines Hinweises darauf, daß er eine verschwindende Person getroffen hat, ziemlich verwirrt. Der Leser, der davon ausgeht, daß der Tramper eine Halluzination ist, wird nichts anderes erwarten.

Ist es zum Beispiel nicht verwirrender, daß Maurice Goodenoughs Erlebnis nicht Blutspuren und ein verbeultes Auto bezeugen können? So greifbar die halluzinatorische Phantasie auch erscheinen mag, sie ist doch auf akustische und optische *geistige* Wirkungen zurückzuführen und könnte niemals eine *physikalische* Wirkung auf feste Gegenstände ausüben (zum Beispiel Beulen am Auto). In diesem Fall wirkte ein seltsamer »dramatischer Mechanismus« auf die Wahrnehmungsorgane des Zeugen, die wiederum die Realität der Erfahrung verstärkten: den Augenblick des Zusammenpralls, als der Wagen die Gestalt streifte, und Blut auf einigen Körperteilen des Opfers. So hypothetisch dieser ganze Vorgang auch bleiben muß, liefert er doch einige Hinweise für die Interpretation von Goodenoughs Erlebnis. Ob die Theorie von der Halluzination auch auf alle anderen Geschichten am Blue Bell Hill angewendet werden kann, ist eine andere Frage. Diese Art der Interpretation beschäftigt sich nur mit den Vorgängen, die hinter dem Erlebnis stehen, und nicht mit den Inhalten des Erlebnisses selbst. Warum hatte zum Beispiel gerade Goodenough diese Begegnung und nicht jemand anders? Wenn das ganze Drehbuch auf den Verhaltensweisen einer in der Kultur bekannten und verwurzelten Gestalt beruht, wieso sind dann die ganzen Begleitumstände anders als bei den typischen Phantomtrampergeschichten? Hat die Gestalt vielleicht irgendeine private oder symbolische Bedeutung für den Fahrer, eine Botschaft, die sich auf diese Weise ausdrückt? Kommen so unterdrückte Erinnerungen oder unterdrückte Ängste wieder hoch? Leider fehlen uns die biographischen Einzelheiten zur Klärung dieser Frage.

Die Quelle der Halluzination ist nicht dasselbe wie ihre Ursache. Ein halluzinatorischer Spuk könnte das Ergebnis von Autosuggestion sein, wenn etwa ein Autofahrer einen Phantomtramper an einem Ort wie Barandas trifft, der sowieso schon als Spukort berüchtigt ist und wo man Erzählungen zufolge den Tramper antreffen kann. Andere Hypothesen sprechen davon, daß manche Gegenden Halluzinationen auslösen und die Leute dort von dunklen atmosphärischen Kräften ergriffen werden. Doch ein Beweis für diese Theorie kann schwer erbracht werden. Irgendwo in der Mitte zwischen diesen beiden Thesen, zwar wahrscheinlicher, aber dennoch nicht bewiesen, liegt die Theorie, daß eine Kombination beider Faktoren gewisse Leute anfällig für Halluzinationen macht.

Will man die Begegnungen mit Trampern auf diese Weise erklären, dann muß man berücksichtigen, daß Autofahren die häufigste Ursache eines vorzeitigen Todes ist und immer das Element plötzlicher Gefahr in sich trägt. Autofahren verlangt eine besondere Konzentration, die manchmal bei längerer Dauer zu einer bestimmten Art geistiger Verfassung oder Zerstreutheit führen kann, die »Straßenhypnose«, die manchmal auch von lebhaften Halluzinationen begleitet ist. Außerdem kann nächtliches Fahren eine Art sinnliche Verwirrung erzeugen, die ihrerseits so etwas wie eine Halluzination hervorbringen kann. Platzmangel verbietet eine detailliertere Ausführung dieser Thesen.

Die These von der Halluzination ist nicht mehr als ein Konzept, das auf Annahmen beruht. Sie durch Experimente zu überprüfen und nachzuweisen verlangt einigen Einfallsreichtum. Es ist auch schwierig, denen entgegenzukommen, die eine klare Antwort auf die Frage wollen, ob derartige Erlebnisse mit Phantomtrampern *tatsächlich* stattfinden oder nicht.

Die psychoanalytische Methode von C. G. Jung und Aniela Jaffé weist eine Trennung von subjektiver und objektiver Wahrheit bei Psi-Ereignissen zurück und versöhnt den Unterschied zwischen der wirklich stattfindenden Erfahrung und der eingebildeten. Die Allgegenwärtigkeit und die allgemeine Übereinstimmung der Phantomtramperberichte können tatsächlich als Beweis für ihre Gültigkeit angesehen werden, doch für Jaffé ist dieses Material »als Beweis für die psychologische Bedeutung« wichtiger.[14] Ihre Ähnlichkeit weist auf »ursprüngliche, typische Formen des Denkens und Fühlens, die sich immer und überall wiederholen... die *Archetypen*«.[15] Der Wert der Archetypen bei den Deutungen von Psi-Ereignissen liegt ihrer Meinung nach darin, daß diese Interpretation sowohl der objektiven, physikalischen als auch der inneren, subjektiven oder psychischen Welt gerecht wird. Die beiden Bereiche werden nicht getrennt oder als unvereinbar betrachtet, sondern sie stellen lediglich »zwei verschiedene Aspekte vor einem gemeinsamen Hintergrund dar«[16]. Kurz gesagt, sie sind *beide* »real«: der Phantomtramper besäße als rein psychologisches Phänomen nicht weniger Bedeutung.

Es wäre vielleicht angebracht, den Begriff Archetyp etwas abzuschwächen und dafür den Begriff »Bild« zu verwenden. Trotz der relativ weiten Verbreitung ist der Tramper eigentlich kein wirklich universales Symbol. Es kann aber ein spirituelles oder psychologisches Phänomen auf beinahe dieselbe Art und Weise etwas ausdrücken wie ein Symbol. Hilary Evans beschrieb in dem Buch *The Unexplained* die Idee von einem »Bilderspeicher«, einer Art Warenhaus, angefüllt mit solchen Symbolen, die aus rassebedingten, kulturellen und traditionellen Erfahrungen stammen und auf die wir bei Bedarf, ohne unser Wissen, zurückgreifen.[17]

Was sind das für Bedingungen? Warum sollte ein Zeuge unbewußt ein ganz bestimmtes Bild unter allen andern aussuchen? Man kann niemals sagen, ob das Bild eine Fee, ein Kobold oder ein Phantomtramper sein wird. Ein paarmal hat man schon versucht herauszufinden, ob es eine bestimmte Beziehung zwischen dem Geist und dem Geisterseher gibt.

Nandor Fodor fand bei einer psychoanalytischen Untersuchung des Spuks von Ash Manor heraus, daß er gewisse sexuelle Frustrationen der Hausbewohner zum Ausdruck brachte. Edward Osborn zeigte, wie die »Frau in Braun« aus den geistigen Komplexen im Unterbewußtsein von Frau Benson entstanden ist.[18] Nicht jeder wird mit der Anwendung einer solchen Analyse auf unsere Geister einverstanden sein. Es wäre faszinierend, einen Phantomtrampervorfall auf dem Hintergrund der psychologischen Beschaffenheit des Zeugen zu untersuchen, doch normalerweise ist es ja sogar schon ein großer Glücksfall, die Zeugen leibhaftig kennenzulernen, geschweige denn sie einer längeren psychologischen Untersuchung zu unterziehen.

Der Ursprung des halluzinierten Trempers – wenn es sich um einen solchen handelt – könnte in Beziehung mit der Hartnäckigkeit der Geschichte stehen. »Von all den Tausenden von psychischen Erlebnissen, von denen einige sicherlich wahr sind und die mündlich oder schriftlich weitergegeben werden, sticht besonders der Phantomtramper hervor. Warum?« möchte Cecil de Vada von den Lesern des *Fate Magazine* wissen.[19] Beim Versuch, seine eigene Frage zu beantworten, spekuliert er auf die dem Thema innewohnende Sexualität: »Ich nehme an, es gibt keinen Mann, egal, ob verheiratet oder ledig, der sich nicht schon bei einer einsamen nächtlichen Fahrt vorgestellt hat, von einer schönen und attraktiven *Frau* angesprochen zu werden – selbst wenn sie nur ein Geist ist.« Ungeachtet der Einwände, daß viele Phantomtramperinnen zu alt sind, um als anziehende Sexobjekte gelten zu können, läßt das vorherrschende Verhältnis von männlichen Zeugen und weiblichen Geistern doch auf ein Fünkchen Wahrheit in dieser Theorie schließen. Aber die sexuellen Hinweise bleiben im verborgenen (abgesehen von der mexikanischen Geschichte, in der der Fahrer mit der Erscheinung schläft!). Ganz fehlen sie in den Geschichten, in denen ein männlicher Fahrer einen Tramper desselben Geschlechts mitnimmt. Auch der Autokult kann das Entstehen einer solchen Geschichte nicht klären und steht als Auslöser einer Halluzination nicht zur Diskussion.

Ich möchte an dieser Stelle die Vermutung äußern, daß hinter dem Phantomtramper vielleicht ein weniger genaues, weniger grundlegendes Gefühl steckt. Weder Sexualität noch Autokult dürfen den Ausschlag geben, obwohl beide Faktoren eine untergeordnete Rolle spielen können, sondern vielmehr Lust am Abenteuer: an einem zeitlosen Abenteuer, einer Romanze der offenen Straße.

Sicher, die Worte »Romanze« und »offene Straße« mögen für den an Staus gewöhnten heutigen Autofahrer einen etwas bitteren Beigeschmack haben. Dennoch ist es wahr, daß zwischen dem modernen Autofahren und dem Abenteurergeist, der sich durch die Erzähltraditionen der Welt zieht, ein Zusammenhang besteht. Die mittelalterlichen Balladen und Lieder, die mit dem Satz beginnen: »Eines Morgens, als ich ausritt«, all die Rittergeschichten, in denen die Helden von Ungeheuern, Hexen, allerlei Märchenvolk und Erscheinungen auf die Probe gestellt wurden, sobald sie das sichere Heim hinter sich gelassen hatten, atmen diesen Geist.

Die Herausforderungen und Gefahren der offenen Straße verschwanden keineswegs, als die Literatur realistischer wurde. Romane wie *Tom Jones* oder *The Pickwick Papers* arbeiten mit dem gleichen Motiv und ersetzten lediglich übertrieben unwirkliche Gegner durch menschliche Gegner. Die Struktur paßt ausgezeichnet zur amerikanischen Tradition von Abenteuer, Reisen, Selbstvertrauen und Gefahren in der Einsamkeit eines nur zur Hälfte eroberten Landes. Verschiedene Kritiken beleuchteten die Beschwörung des Rittertums in dem Film *Easy Rider* aus dem Jahre 1969. Der Film handelt

im wesentlichen von den guten und schlechten Erfahrungen zweier junger Nonkonformisten, die auf ihren Motorrädern den Süden der USA abfahren. Die Abenteuer des reitenden, bewaffneten und Rüstung tragenden Tom Jones und die der Motorradfahrer »Captain America« und Billy sind keine Zufallsprodukte. Durch die Abenteuer werden vielmehr die Charakterzüge der Helden auf die Probe gestellt und weiterentwickelt. Die Lust am Motorradfahren kann auf den unbewußt vorhandenen Traum von der »offenen Straße« zurückgeführt werden, selbst wenn das Fahren heutzutage vielleicht ein ganz normaler und alltäglicher Vorgang geworden ist.
Die Zeugen der Phantomtramper gleichen so manchen Helden in den Abenteuern vergangener Zeiten. Auch sie werden überrascht und wissen nichts von der Abenteuertradition, in die sie hineingeraten sind. Vielleicht steigen alte, halb vergessene Zeitungsberichte wieder vage ins Bewußtsein und liefern die Information zu der Erfahrung: der Phantomtramper, eine in der Halluzination reale Figur, entsteht, wenn ein Teil des Gedächtnisses wie eine nachhypnotische Suggestion arbeitet. Vielleicht verwischen diese Bedingungen auch den rationalen Beurteilungsapparat der modernen Zivilisation und erlauben es so dem Fahrer, sich wieder auf den Stand eines mittelalterlichen Abenteurers zu begeben, der mit einem geheimnisvollen Begleiter, einem Botschafter einer anderen Welt, unterwegs ist, der ihn auf die Probe stellt. Der wunde Punkt bei der ganzen Angelegenheit ist nur, daß der Zeuge nach dem Höhepunkt des Erlebnisses wieder zum Fahrer des 20. Jahrhunderts wird, der im Gegensatz zu einem Reisenden aus dem Mittelalter nicht an eine Welt der Märchen und Wunder glaubt und die Eigenheit seines kurzzeitigen Reisebegleiters nicht verstehen kann.

Merkwürdig, doch obwohl man davon ausgeht, daß Volkssagen auf dem Niveau des Bewußtseins angesiedelt sind – dafür spricht nicht zuletzt unser Glaube an die Echtheit von »Seemannsgarn« oder der »Stadtlegenden« –, man kaum einen Gedanken daran verschwendet, zu fragen, wie sich die ganze Geschichte auf dem Niveau des Unterbewußten verhält. Vor über 150 Jahren ging Dr. Samuel Hibbert, ein Urkritiker des Übernatürlichen, wie ganz selbstverständlich davon aus, daß Halluzinationen aus dieser nebulösen Quelle entstehen können:

> In gut überprüften Geistergeschichten, denen man einen übernatürlichen Charakter zuschreibt, können Ideen, die so intensiv werden, daß sie räumliche Illusionen hervorrufen, auf einen früheren Glauben an solche phantastischen Objekte zurückgeführt werden. Das wird auch in den verschiedenen Formen des Aberglaubens deutlich, der oft jahrhundertelang in den Köpfen des einfachen Volkes festsaß.[20]

So können Volkstradition und vor allem bildhafte Darstellungen die »Gestalten« der Halluzination beeinflussen. Wenn man diese Theorie auf die bildenden Künste ausdehnt, so ist es ziemlich wahrscheinlich, daß auch in diesem Bereich die mündlichen Überlieferungen eine wichtige Rolle bei der Ausgestaltung der halluzinatorischen Erfahrungen gespielt haben. Obwohl Dr. Hibbert mit Begriffen wie »andere« Realität oder »veränderte« Realität wohl kaum etwas anfangen könnte und seine Theorie von der Krankhaftigkeit des ganzen Prozesses sicherlich nicht mehr überzeugend klingt, so muß man mit dem Einfluß der sogenannten »verschiedenen Formen des Aberglaubens« auch heute noch rechnen.

Man könnte nun argumentieren, daß die gesamte Volkssage mit ihren Geistern, Dämonen, Drachen und Gnomen niemals real, sondern immer nur im Denken der Menschen existiert habe und ein jahrzehntelanger Glaube an Gestalten aus dem Reich der Schatten sich in gemeinsamen kulturellen Traditionen einer Rasse oder sogar mehrerer Rassen verfestigt hat und nach und nach zu einer mächtigen Suggestivkraft herangewachsen ist, die die Art der Wirklichkeitswahrnehmung nachhaltig beeinflußt. Wie ein lange ruhender hypnotischer Auftrag kann diese Suggestivkraft plötzlich ins Tagesgeschehen eingreifen, wenn die jeweiligen Personen im geeigneten geistigen Zustand und die äußeren Bedingungen günstig sind.

In einem der letzten Kapitel seines Buches äußert G. N. M. Tyrrell die Vermutung, daß Spukerscheinungen, hinter denen kein menschlicher Geist (Telepathie) steht, im Zusammenhang mit den kollektiven Ideenmustern der Volkstradition gesehen werden müßten. Er verdeutlichte seine These dadurch, daß er einige Motive anführte, die früher sehr wirkungsmächtig waren, in jüngerer Zeit jedoch zunehmend an Vorstellungskraft verloren haben: der Gott Pan und die Elfen etwa. Von beiden sagt man, sie spuken an einsamen Orten. Dem Verfasser zufolge ist diese Annahme für zahlreiche Berichte über Erscheinungen gültig. Die Erinnerung an Pan, an Elfen oder auch einen Geist, die an einem bestimmten Orte spuken sollen, kurz eine Überlieferung der Volkssage, die tief in die Persönlichkeit der Leute gedrungen ist, die in der Gegend der Spukstelle wohnen, könnte in einigen Personen wieder lebendig werden, am ehesten bei Leuten, die sich unterbewußt an dieses Motiv erinnern. Unter ganz bestimmten Umständen kann dieser geistige Zustand von der Welt der Vorstellung in die reale Welt hinüberreichen und in unserer Realität als Tatsache registriert werden.

Da der Phantomtramper so weit verbreitet und auch bekannt ist, erwartet man gar nicht, daß sich seine Spukereien nur auf bestimmte Orte beschränken. Leute in den verschiedensten Teilen der Welt, auf Straßen, die völlig unberührt von Spuk- und Unfallgerüchten sind, teilen Erfahrungen mit ein und demselben alten Motiv. Da die Menschen dieselben Bedürfnisse, Wünsche, Ängste oder Vorurteile haben, können sie auch dieselben oder ähnliche Halluzinationen haben. Dies ist vielleicht eine Antwort auf die Frage, wie und warum Menschen in den verschiedensten Erdteilen gleiche Halluzinationen haben können. Aus Tyrrells Sicht erklärt sich so auch die große Verbreitung, die Dauerhaftigkeit und die Lebendigkeit gewisser Spukgeschichten, deren ständige Wiederkehr sicherlich nicht nur mit der mündlichen Tradition erklärt werden kann.

Pan und die Elfen haben an Macht über die kollektive Vorstellung stark eingebüßt. Die Geister hingegen haben aus verschiedenen Gründen und meist gegen jede Erwartung ihre Stellung behaupten können. Wenige Geistergeschichten sind so weit verbreitet wie die des Phantomtrampers. Kann man überhaupt richtig beurteilen, wie tief er im Bewußtsein eines Volkes verankert ist? Entwickelt man Tyrrells Argwohn weiter, so ist das Motiv unter seltenen Bedingungen gültig, in denen das Bewußtsein verändert ist, gültig für einzelne, deren Erlebnisse, die ihnen selber als real erscheinen, den Glauben an das alte Motiv wieder schüren, denn, »es passierte« ja. Die Volkssage ist beileibe keine verstaubte Mottenkiste. Sie versorgt uns vielmehr mit Material für Erlebnisse, die ihrerseits wiederum alte Motive und Traditionen wiederbeleben. Eine günstige Kombination verschiedener Bedingungen genügt, um diese halben Archetypen wiederauferstehen zu lassen und mit neuem Leben zu erfüllen.

Ein Grund für die Besonderheit des Phantomtrampers ist der,

daß uns dieser Geist stets vertraut erscheint. Das Motiv ist kein geschlossenes archaisches System, sondern paßt sich den Bedürfnissen der Stunde an.

Diese Bedürfnisse können persönlich, regional oder kulturell bedingt sein. Der Tramper spielt eine untergeordnete Rolle als Beschützer der Lebenden, was wir in der Geschichte aus Berkley (Kalifornien) gesehen haben, wo die Tramperin einen Autounfall verhindert, indem sie die Handbremse des Wagens zieht;[21] ebenso in der französisch-spanischen Geschichtensammlung, worin sie die Fahrer vor gefährlichen Kurven warnt. In diesen Fällen zeigt sich der Tramper als geisterhafter Beschützer vor körperlichen Gefahren – Gefahren, bei denen die Tramper selbst ihr Leben verloren haben (Autounfall). In anderen Fällen wacht die Erscheinung nicht nur über das leibliche Wohl, sondern betätigt sich auch als geistige Führerin.

Für Nuria Hansom und Edmoana Toews, die im Oktober 1974 auf dem vereisten und nebligen Alaska Highway unterwegs waren, war der Tramper ein Zwischending zwischen einem Wesen aus einem Ufo und einem Schutzengel. Er bewegte sich zwischen der alten Welt der Geister und der neuen Welt der außerirdischen Wesen.[22] »Gordon« verwirrte die Frauen durch seine offensichtliche Schwerelosigkeit, seine seltsamen Bemerkungen (»Glauben Sie an Engel?«) und seine Fähigkeit, aus dem Motel zu verschwinden, ohne irgendeine Spur in dem frischgefallenen Schnee zu hinterlassen: er war ein Tramper, aber auch die direkte Antwort auf ihre Gebete um Schutz. Sie hatten gebetet, bevor sie eine religiöse Versammlung verlassen und die lange Reise angetreten hatten. Der Begleiter des Lastwagenfahrers Hugh Cavalli, der in der Wüste von Nevada verschwand (das geschah 1951, wurde aber erst dreißig Jahre später erzählt), verneinte die sarkastische Unterstellung, er sei Jesus Christus, gab jedoch zu, »eine

Vision« zu sein: neben den Prophezeiungen, die er über die Einöde ringsumher machte, sagte er dem Fahrer verschiedene Begebenheiten voraus, die sich angeblich im Laufe der Zeit erfüllt haben sollen.

Der Tramper zeigt uns nicht nur, daß seltsame Dinge geschehen, daß sich auf der offenen Straße immer noch mancherlei Abenteuer ereignen können, er betätigt sich auch noch als geistiger Beschützer. Es ist nicht weiter erstaunlich, daß der Straßengeist seine Botschaft durch eine übernatürliche Tat unterstreicht, auch um auf seinen höheren Status (nicht menschlich) hinzuweisen: er verschwindet. Gelegentlich gibt es auch eine ganze Reihe solcher Beweise. Wunder wurden schon seit jeher als Zeichen geistiger Vollkommenheit desjenigen angesehen, der sie vollbringt. Wir können dem Tramper trauen, denn er kann, im Gegensatz zu uns, aus einem fahrenden Wagen verschwinden, er kann bei Minusgraden in Hemdsärmeln am Straßenrand stehen (wie Gordon), oder er kann auch, so bezeugt Hugh Cavalli, ein Thunfischbrot aus der Luft herbeizaubern.

In eine Linie mit der wunderbaren Brotvermehrung, wo fünftausend Menschen mit fünf Laiben Brot und zwei kleinen Fischen gespeist wurden, rücken also die Versuche, dem Tramper eine geistige Glaubwürdigkeit zu geben, ihn immer mehr vom Geist-Propheten-Beschützer ins Reich des Religiösen. Das wird vor allem dann deutlich, wenn die Absicht des Geistes mit den herkömmlichen Symbolen des Glaubens übereinstimmt – wenn er als Himmelsbote, als Engel oder sogar als die Inkarnation Christi erscheint.

Professor Lydia Fish von der staatlichen Universität in Buffalo hat keine Schwierigkeiten, die Ursprünge von »Jesus auf der Straße« im Volksmythos zu identifizieren. Der New Yorker Tramper in Hippiekleidung, der den Autofahrern vor seinem Verschwinden die zweite Ankunft vorhersagt, erscheint in einer großen Sammlung von Erzählungen, die mit der Jesusbewegung in den Universitätsstädten zusammenfällt, sicherlich eine Folge des Jesus-Christ-Superstar-Kults.[23] William A. Wilson entdeckte, daß sich das trampende Phantom als einer der drei Jünger der Mormonen verkleidet hatte. Diese drei durften auf der Erde bleiben, um sich »allen Menschen zu zeigen, die ihnen würdig erscheinen«. Der Geist riet den auserwählten Mitgliedern der Kirche, mit ein- und zweijährigen Investitionen gegen den wirtschaftlichen Abschwung vorzugehen. Kürzlich erhielten sie sogar Ratschläge für die Zeit nach einem Atomkrieg.[24]

Religiöse Zweifel und Neurosen sind sicherlich auch für die Entstehung der alten Dame verantwortlich, die die Zerstörung Mailands vorhersagte – ein passendes Symbol für den italienischen Materialismus?[25] Ganz anders gelagert war ein Fall in den Pacific States nach Ausbruch des Mount St. Helens am 18. Mai 1980: Innerhalb eines Monats erhielt die Polizei von Tacoma, Washington, über zwanzig Telefonanrufe, die alle eine »Frau vom Jüngsten Tag« betrafen. Sie soll alle möglichen Prophezeiungen gemacht haben, von ganz unbestimmten Aussagen über das Ende der Welt bis hin zu lokalen Geschichten: so sagte sie voraus, daß der Vulkan am 18. Juni noch einmal ausbrechen werde.

Tatsächlich rumorte der Mount St. Helens im Juni wie auch im Juli, die apokalyptischen Vorhersagen der geisterhaften Frau erfüllten sich jedoch nicht. In der Folge verwandelte sie sich in eine wesentlich attraktivere Frau in Weiß. Sie prophezeite, daß am 12. Oktober alles in einem Umkreis von hundert Meilen zerstört werde. Doch wieder war ihre Fähigkeit, bei einer Geschwindigkeit von über hundert Stundenkilometern aus dem fahrenden Wagen zu verschwinden, weitaus erstaunlicher als ihr hellseherisches

Vermögen. Der Berg rauchte zwar den ganzen Monat hindurch recht bedrohlich, doch wiederum blieb die Gegend verschont.

Was diese Prophezeiungen betrifft, so ist es selbstverständlich, daß die Bevölkerung Washingtons eher den Messungen der Geophysiker Glauben schenkt als den übernatürlichen Tramperorakeln, auch wenn die Tramper zur Bekräftigung ihrer These auf unerklärliche Weise verschwinden. Das Scheitern dieser Vorhersagen ist ebenso unvermeidlich wie das Scheitern des Reporters Dan Hortsch von der Zeitung *The Oregonians* und des Herausgebers des hawaiianischen Blattes *Full Moon*, Jacob Davidson. Ihr Versuch, Zeugen für die reisende Prophetin zu finden, mißlang.[26] Lassen wir nun die Bemühungen der Parapsychologen auf sich beruhen und fragen wir uns lieber, was solche Sensationsgeschichten bedeuten.

Aniela Jaffé legt uns nahe, daß solche Erzählungen »kein objektiver Beweis für das berichtete Erlebnis sein müssen und daß man die große Verbreitung der Geschichte vielmehr als Beweis für die psychologische Bedeutung dieser Art von Erfahrung ansehen sollte.«[27] Die Tatsache, daß solche Geschichten, gleichgültig auf welcher Realitätsstufe, dieses ursprüngliche Bedürfnis ausdrücken: doch welcher Natur ist dieses Bedürfnis?

Diese prophetischen Phantomtramper *sind* Männer und Frauen, die in einer Vision gesehen werden. Diese Vision ist unsere eigene. Sie verleiht unseren persönlichen Wünschen, Ängsten und Vorurteilen Stimme und Ausdruck. Es ist daher nicht erstaunlich, daß die Tramper auch keine besseren Hellseher sind als wir selbst. Das verstärkte Aufkommen von Trampern der Version B in den siebziger Jahren – auf Kosten des älteren Trampers, der den Geist eines Verstorbenen darstellt – könnte ein Zeichen dafür sein, daß wir im Bezug auf unsere Zukunft nicht allzu viele Hoffnungen haben. Es ist wohl leichter und auch eindringlicher, diesen *Weltschmerz* mit Hilfe eines übernatürlichen Wesens auszudrücken, als ihn selber laut herauszuschreien.

Für Mitglieder bestimmter Religionsgemeinschaften mag die Botschaft die Predigten des jeweiligen Glaubens beflügeln, wenn der Zeuge, der Erzähler und der Zuhörer diesem Glauben angehören. Selbst wenn diese Botschaft eine fundamental pessimistische Sicht von der Zukunft zeigt (die Stadt, die Gegend oder die ganze Welt wird zerstört, weil die Menschen Glaubensgeboten zuwider leben), so hat der Auserwählte doch noch Hoffnung: er kann gerettet werden, der wahre Glaube wird siegen. Dabei ist der Tramper das Unterpfand einer höheren Macht und Zeichen für deren gnadenvolle Anteilnahme. Der Glaube an das Omen heißt auch Glaube an die Lehren der jeweiligen Religion. Ein überzeugter Christ, der an den Autobahnapostel von Little Rock glaubte, drückte es folgendermaßen aus: »Es könnte wohl auch ein Märchen sein. Aber ich bin Christ und will gerne glauben, daß es wahr ist.«[28]

So entschwindet der Phantomtramper – Legende, Geist, Bild, Symbol – in das Zwielicht des Volksmythos, seiner natürlichen Heimat. Wenn man diskutiert, ob sich beweisen läßt, daß der Tramper als himmlischer Botschafter in unserer objektiv erfahrbaren Welt überhaupt erscheinen kann, dann liegt die Hauptschwierigkeit darin, daß der Tramper zwischen der Welt der Tatsachen und der Welt der Fiktion hin- und herpendelt.

Es ließ sich in diesem Buch die Tatsache nicht leugnen, daß der Tramper eine klassische Erscheinung ist, das übernatürliche Phantom einer Geschichte, die wie eine wahre Begebenheit erzählt wird, weil dies zur erzählerischen Konvention gehört. Betrachtet man die Geschichte außerhalb dieses Rahmens, so ist sie sicherlich nicht wahr: ein Geist des Volksmythos, Seemannsgarn, eine Stadtgeschichte. Es zeigte sich ebenfalls, daß nähere Untersuchungen Dinge zum Vorschein bringen, die auf festerem Grund stehen und nicht nur reine Spekulationen sind: Begegnungen mit Erscheinungen, die sich sehr authentisch anhören, aber dennoch vage und unerklärt bleiben. Die Beweise sind weder überzeugender noch schwächer als die, welche in der Parapsychologie für authentisch und damit für gültig gehalten werden.

In manchen Fällen folgt die Tatsache der Fiktion; die Fiktion kann sich der Tatsache bedienen, sie umgestalten und ausbauen. Sind die unvollständigen Geschichten von verschwindenden Mitfahrern fragmentarische Versionen der alten Geschichte – oder ist die alte Geschichte eine fragmentarische Episode, an die ein gewitzter Erzähler einen bedeutungsvollen Schluß angehängt hat?

Ein Autofahrer begibt sich in ein Polizeirevier und berichtet, er habe gerade einen Tramper mitgenommen, der nach kurzer Zeit aus dem fahrenden Wagen verschwunden sei. Die Polizei glaubt ihm – sie glaubt ihm sogar so sehr, daß sie eine Menge Zeit darauf verwendet, letztlich ergebnislose Nachforschungen anzustellen. Wir könnten uns zurücklehnen, uns unterhalten lassen und die Geschichte damit abtun. Wir können aber auch versuchen, die Geschichte zu überprüfen; zuerst einmal, ob eine polizeiliche Nachforschung überhaupt angestellt wurde, und dann, ob sich die Polizei genau so verhielt, wie es die Geschichte weitererzählt. Sollten sich beide Annahmen als wahr herausstellen, dann können wir die Geschichte immer noch verwerfen: Polizei oder nicht, wir haben dennoch keine Garantie dafür, daß der Zeuge die Wahrheit sagt. Und selbst wenn ja, dann muß das, was er als wahr erlebt hat, noch lange nicht mit dem übereinstimmen, was tatsächlich geschehen ist.

Wir können die Geschichte ablehnen. Vielleicht nicht, weil sie Dingen ähnelt, von denen wir früher bereits gelesen oder gehört haben, sondern weil sie unmöglich ist. Jede Geistergeschichte erzählt Unmögliches, und bei dieser speziellen Geschichte, wo nur ein einziger Zeuge für die Gültigkeit des Beweises einsteht, ist es wohl sinnvoller, darauf zu verzichten, den Widerspruch zu versöhnen, den Widerspruch, daß dieser einzelne Mensch das Unmögliche angeblich erlebt hat. In der Zwischenzeit ist der Phantomtramper, sei er nun ein richtiger Geist oder eine alte Geschichte, irgendwo unterwegs – irgendwo oder in unseren Köpfen – und wartet auf die Nacht... und einen Autofahrer.

Anmerkungen

Zu Kapitel 1:

1 Die Zitate stammen aus Sally Staples' Artikel »Trampte da ein Geist...?«, erschienen im *Sunday Express* vom 21. Oktober 1979. Die Geschichte wird im fünften Kapitel dieses Buches ausführlich behandelt.

2 »Daumen nach unten für Geistertramper« (von George Edwards), *News of the World* vom 13. April 1975; »Luigi nimmt einen Geist mit« (von Paul House, Rom), *Sunday People*, 11. März 1973; »Saß ein Geist auf dem Sozius des Polizisten?« (*Prakhash Chandra*, New Delhi); siehe auch *Sunday Express* vom 2. Dezember 1979 und *Psychic News* vom 8. Dezember 1979. Alle drei Vorfälle werden in späteren Kapiteln ausführlicher behandelt.

3 »Das Geheimnis der schönen Tramperin«, *Weekend* vom 29. November–5. Dezember 1978, S. 30.

4 London: Duckworth, 1933. Siehe Seite 227–229.

5 Die Sammlung der Trampergeschichten enthält eine ganze Reihe von Geschichten, in denen der Tramper nicht direkt an der Straße steht. Er erregt die Aufmerksamkeit der Fahrer auf eine Art und Weise, die es ihm ermöglicht, mitgenommen zu werden, ohne zu sprechen.

6 Hervorhebungen vom Autor.

7 Geist geht nach Zusammenstoß, *Sunday People*, 14. Juli 1974.

8 Fußnote zu Crookes »Einige Experimente mit psychischen Kräften«, *Quarterly Journal of Science*, 1. Oktober 1871.

9 »Die Weiße Frau, oder eine Tramperin löst sich in Luft auf«, siehe LDLN, März/April 1982. Der Autor zitiert einige franzö-

sische Zeitungsberichte, die zu diesem Vorfall Stellung genommen haben. *Midi Libre*, 28. Mai 1981, *France Soir*, 29. Mai 1981, *France Dimanche* und *Le Journal de Montpellier* vom 8. bis 14. Juni und vom 29. Mai bis zum 4. Juni 1981.

10 *Lumieres dans la nuit*, März 1978.

11 Charles Fort, »*Lo!*« (London: Gollancz, 1931), S. 90.

12 Diese Übersicht faßt Versionen aus dem *Sunday Express* vom 14. August 1977 und den *Weekly News* vom 20. August 1977 zusammen. Mit weiteren Quellen werden wir uns in einem detaillierteren Überblick in Kapitel 3 befassen.

13 Die Geschichte von der auferstandenen Maria habe ich aus Steve Moores Zusammenfassung in der *Fortean Times* 24, S. 13, 14. Steve selbst hat sie aus der *Chicago Sun-Times* vom 9. August 1975, die über eine Geschichte von Richard T. Crowe berichtete. Paul Screeton fügt hinzu, daß Marias Bestimmungsort die Archer Street ist (Geschichten von Phantomtrampern, *The Mail*, Hartlepool, 31. Oktober 1980, S. 27).

14 Das weinende Mädchen taucht in *The Folklore of Hampshire and the Isle of Wight* auf (London: B.T. Batsford Ltd. 1976, S. 89–90.).

15 Das Hochzeitsquartett weist große Ähnlichkeiten zu den vier Brautjungfern auf, die laut Jack Hallam auf der Straße nach Great Melton, Norfolk, spuken (*The Ghosts Who is Who*, David and Charles, 1977, S. 24). Dabei handelte es sich um einen tragischen Unfall; der Fahrer des Wagens fuhr in ein Wasserbekken. Die umfassende Bedeutung des Unfalls für den Fall vom Blue Bell Hill werden wir in Kapitel 6 behandeln.

16 Lewis Caroll, »*Alice im Wunderland*«, 7. Kapitel.

17 So könnte man zum Beispiel Le Fanus »Authentic Narrative...« (*Dublin University Magazine* Oktober 1862) mit Joseph Proctors Geschichte vom Spuk in der WillingtonMühle vergleichen, die in *Journal of the Society for Psychical Research* (1891/92) erschienen ist.

18 Andrew Lang, *The Book of Dreams and Ghosts* (London: Longmans Green & Co, 1899). Vgl. Vorwort zur ersten Auflage.
19 Lang, ibd. S. 15–16.

Zu Kapitel 2:

1 *Indiana University Folklore Series*, Nr. 20 (The Hague: Mouton and Co., 1966), siehe besonders S. 149.
2 Louis C. Jones, »Hitchhiking Ghosts in New York«, *California Folklore Quarterly, III, 4* (Oktober 1944) S. 284.
3 Die maßgeblichen Schriften sind: »Der verschwindende Tramper« ... *California Folklore Quarterly,* I, 4 (Oktober 1942) S. 303–335.
4 Beardsley und Hankey, *The Vanishing Hitchhiker*, S. 303.
5 Ibd.
6 Mutter Frances Cabrini war die erste US-Bürgerin, die heiliggesprochen wurde. Jones bemerkt, daß man nach dem Herbst 1949 nichts mehr von den Geschichten der Version B hörte. Die Aufmerksamkeit des Lesers wird auf ein anderes, zu dieser Zeit häufiges Motiv gelenkt. Man schwört darauf, daß die Prophezeiung des Trampers über das Ende des Krieges ebenso in Erfüllung gehe wie die, daß sich im Wagen noch vor Tagesende eine Leiche befinden werde. Jones bezeichnet diese Fälle als BX-Versionen.
7 *Fortean Times*, 21 (1977). Siehe Seite 32–33.
8 Die Bezugnahme auf den Tramper beruht auf einem Gerücht, das im *Indiana Star* vom 26. Juli 1980 verbreitet wurde. Es handelt sich um einen Unfall, der sich angeblich in der Nähe von Pine Bluff zugetragen hat. Die Informantin berichtete, daß sie die Geschichte von einer Frau erfahren hatte, deren Eltern in den Fall verwickelt gewesen waren.
9 Eine Sammlung zeitgenössischer Pressemitteilungen (*Indiana

Star, Arkansas Gazette, usw.) wurde im hawaiianischen Magazin *Full Moon* nachgedruckt (August/September 1980).

10 Jeffrey Blyths Bericht über das Rätsel des Trampers in *Sunday People*, 10. August 1980, S. 5.

11 Neben geborgter Kleidung tauchen alle Arten von Beweisen auf. Die Sammlung von Beardsley und Hankey erwähnt noch verschiedene andere Pfandstücke, die das Mädchen scheinbar achtlos im Wagen zurückgelassen hat, so zum Beispiel Gepäck, Bücher und Seetang. Letzteres dient als Beweis dafür, daß die Tramperin der hawaiianischen Sage eigentlich der Geist eines ertrunkenen Mädchens ist, das man ursprünglich am Strand antraf. Natürlich war auch der Sitz, auf dem sie saß, naß. Parallelen dazu finden sich in der Geschichte aus Waterlooville, Hampshire, die John Forman in *The haunted South* erzählt (London: Robert Hale und Co 1968, S. 108).

12 Der Artikel aus *Sunday People* wird von Paul Screeton in seinen »Tales of Phantom Hitchhikers« erwähnt (Hartlepool *The Mail*, 31. Oktober 1980, S. 27).

13 In einem anderen Zeitungsartikel (Quelle unbekannt, Datum Juni 1973) wird Lucia als hübsche Blondine beschrieben, die *vier* Jahre zuvor gestorben ist. Der Zeuge, ein Motorradfahrer, heißt Mario Scotti und lieh ihr seine *Jacke*. Die Jacke wird später auf dem Grab gefunden, und der Zeuge identifiziert die Tramperin mit Hilfe einer Photographie. Es heißt, die Polizei habe diese Geschichte bestätigt.

14 »Laurie« wurde von Addington und Harman geschrieben, und die BBC Grammophon Library erhielt im Juni und Juli 1965 zwei Versionen (von Dickey Lee und Keith Kelly).

15 Die außergewöhnliche Helligkeit des Trampers fällt auch in einer Geschichte aus dem Jahre 1930 auf. Sie trug sich in Mountain Home zu, und Tom Shiras erzählte sie Vance Randolph, der sie wiederum in seine »Folktales from Arkansas« im *Journal of American Folklore* aufnahm. Band 65 (1952), S. 159– 166.

16 Jones, op. cit. S. 286.
17 Jacqueline Simpson, *The Folklore of Sussex* (London: B.T. Batsford Ltd. 1973), S. 50–51.
18 Beardsley und Hankey, *The Vanishing Hitchhiker*, op. cit. S. 308.
19 Beardsley und Hankey, *The history of the Vanishing Hitchhiker*, op. cit., S. 13
20 Ibd. S. 14
21 Ibd. S. 16
22 Ibd. S. 22.
23 Siehe S. 16–18.
24 Es gibt zum Beispiel die beiden Charakteristika der Version C: der Geist wird nicht am Straßenrand angetroffen und mitgenommen, ohne daß er ausdrücklich darum bittet. Da Sutro im Jahre 1933 starb, ist es möglich, daß seine Geschichte älter ist als die von Beardsley und Hankey. Sie könnte den Geschichten der Version C jedoch eher zufällig als absichtlich ähneln.
25 Andrew McKenzie, *Dracula Country. Travels and Folk Beliefs in Romania* (London: Arthur Barker Ltd., 1977), S. 87–88.
26 *The New Suffolk Garland. A Miscellany of Anecdotes, Romantic Ballads… Collected, compiled and edited by John Glyde* (Ipswich: Druck für den Autor; London: Simpkin, Marshall und Co., 1866). Siehe S. 216–220.
27 Louis C. Jones, op. cit., S. 292. Weiterhin kommt es in Gesellschaften, in denen man viel oder hauptsächlich zu Fuß geht, öfters vor, daß der Held den Geist eines Mädchens nach Hause begleitet. Alles ereignet sich genauso wie in den Trampergeschichten, lediglich der Autostop fällt weg. Jones zitiert eine chinesische Geschichte dieser Art: Jon Lee, *The Golden Mountain* (San Francisco: WPA, 1940).
28 *Folk-Lore. Transactions of the Folk-Lore Society*, Bd. XVIII Nr. 4 (31. Dezember 1907), S. 376–390.
29 Ibd. S. 376

30 Philip Brandt George, »The Ghost of Cline Avenue: La Llorona in the Calumet Region«, *Indiana Folklore, V, 1* (1972), S. 56–91.

31 *The Vanishing Hitchhiker. Urban Legends and their meanings.* (London: Pan Books Ltd., 1983), siehe S. 28–29.

32 Beardsley und Hankey, *The Vanishing Hitchhiker*, op. cit. S. 305.

33 Rodney Dale, *The Tumour in the Whale. A Collection of Modern Myths* (London: Universal, 1978). Es handelt sich um ungesicherte, unwahrscheinliche, oft makabre Geschichten, von denen der jeweilige Erzähler behauptet, sie seien absolut wahr, was er dadurch beweisen will, daß er den Freund eines Freundes anführt, der das Erlebnis hatte. Dale stellt fest, daß viele Geistergeschichten nach diesem Muster aufgebaut sind. Und vielleicht hat er nur wegen Platzmangel den Phantomtramper in seinem Buch ausgelassen.

34 Anmerkung zu der Geschichte, in der ägyptische Lokfahrer die Maschinen mit Hilfe von Pharaonenmumien heizen. (*The Innocents Abroad*, Kapitel 58).

35 Paraphrase einer Feststellung von D. J. West, »The Investigation of Spontaneous Cases«, *Proc. Soc. for Psychical Research*, XLVIII, Teil 175 (Juli 1948), S. 274.

36 Lang, *Book of Dreams and Ghosts* (1899), S. 174.

37 Brunvand, op. cit. S. 28–29.

38 Beardsley und Hankey, *The Vanishing Hitchhiker*, op. cit., S. 306.

39 Ibd. s. 310.

40 Siehe auch Margo Skinner, »The Vanishing Hitchhiker Again«, *Western Folklore*, 12, 1 (Januar 1953), S. 136– 137; kann auch herangezogen werden für einen ähnlichen Fall aus La Porte, Indien.

41 Das Motiv von der Maus in der Colaflasche wird in Professor Brunvands Buch ausführlich behandelt (op. cit.), S. 71 ff. Ebenso Kapitel 4.

Zu Kapitel 3:

1 Ein gut zu lesender, illustrierter Führer durch die Geschichte des Ortes ist »*Nunney and Trudoxhill: An Historical Sketch*«, von Michael McGarvie (herausgegeben vom Silberjubiläumskomitee Nunney, 1977),

2 Ungern, aber auf Wunsch gebe ich den richtigen Namen des Zeugen nicht bekannt.

3 *Fortean Times*, 24 (Winter 1978), »Ghosts and Visions«, siehe S. 13–14.

4 *Sunday Express*, 21. August 1977. Siehe Briefe, S. 4.

5 *Bath and West Evening Chronicle*, 30. August 1977. Findet außerdem auch Erwähnung in *Fortean Times*, 24 (siehe auch Anmerkung 3).

6 Abson Wick, Bristol: *Abson Books*, 1976. Siehe S. 36.

7 Royal gab genau die gleiche, etwas kürzere Zusammenfassung der Geschichte während eines Interviews mit dem Journalisten Jack Pleasant, zwei Jahre später. Siehe auch *Reveille*, 13. Januar 1978.

8 Die *Bath and West Evening Chronicle* stellte verschiedentlich fest, daß das Phantom im »vergangenen Jahr« zum ersten Mal erschienen ist (in der Ausgabe vom 4. August 1977), aber auch, daß es Polizei und Dorfbewohner schon »seit Jahren« zum Narren hält (Artikel in der Ausgabe vom Dienstag, den 23. August 1977, S. 4).

9 »The Ghost Rider of Nunney Runs into a Hitch«, *Bath and West Evening Chronicle*, 23. August 1977, S. 4.

10 Die Stadtgeschichte von Frome überliefert, daß die Mördergrube unter diesem Namen bereits im Jahre 942 bekannt war. Sie wurde als Grenze eines Landstückes erwähnt, das der Graf Athelstan von König Edmund erhalten hatte.

11 Kingsley Palmer, *The Folklore of Somerset*. (London: B.T. Batsford Ltd. 1976), S. 136.

12 »The Hitch-Hiking Ghost of Nunney is Bad for Trade«, *Somerset Standard*, 5. August 1977.

13 Die *Bath and West Evening Chronicle* vom 4. August 1977 datiert das Ereignis »in diesem Jahr, aber früher«.

14 Aussage eines mündlichen Informanten.

15 Bath and West Evening Chronicle, *4. August 1977*, The weekly News, *20. August 1977 (siehe auch S. 25).*

Zu Kapitel 4:

1 Jungs Vorwort zu Aniela Jaffé: *Apparitions and Precognition. A Study from the Point of View of C. G. Jung's Analytical Psychology* (New York: University Books, Inc. 1936).

2 Aniela Jaffé, op. cit., siehe S. 181–183. Bezeichnenderweise trägt dieser Abschnitt die Überschrift »Fiktionale Geschichten«.

3 Siehe auch »Ghost Mystery for a Couple in Ockendon Lane«, *Thurrock Gazette*, 25. Februar 1977. Die Folge »The Night, the Ghosts Posed for the Gazette», von Mick Pulfrey mit Photographien von David Henderson, erschienen in derselben Zeitung am 4. März 1977.

4 So auch die Zeitungsabschnitte, die mir von der Informationsstelle des *Kent Messenger* zugesendet wurden: Zwei über Spukereien am Blue Bell Hill vom 30. August 1977. Die Geschichte erschien in etwas abgekürzter Form in den *London Evening News* vom 12. September 1977.

5 Peter Moss, *Ghosts over England* (London: Elm Tree Books/ Hamish Hamilton in Verbindung mit Book Club Associates, 1977; Paperback: Sphere Paperback Edition, 1979). Siehe Sphere, S. 146–148. Unsworths Brief erschien ursprünglich im *Exeter Express and Echo* vom 12. August 1970, S. 6, und trug den Titel »The Night a Ghost Hitched a Lift«. Die Version von Peter

Moss, die er nach eigenen Angaben aus verschiedenen Quellen zusammengetragen hat, fügt dem ersten Bericht noch einige Einzelheiten hinzu. Meine Zusammenfassung beruht zum größten Teil darauf. Ich habe aber aus Gründen der Ausgewogenheit auch den Zeitungsbericht der Exeter-Zeitung herangezogen.

6 Interessant ist in diesem Zusammenhang, daß ein anderer Geist auf der A 38 in Royals und Girvans *Local Ghosts*, S. 30, beschrieben wird. Es handelt sich um eine *Frau* in einem weißen Mantel, die normalerweise am Barrow Gurney, in der Nähe von Bristol, spukt (siehe auch Anm. 6 zu Kap. 3).

7 Siehe auch *Exeter Express and Echo* vom 5. August 1970 (»Ghost of the A 38 has been seen again«).

8 Siehe Anm. 5. Der Tramper von Unsworth scheint mit der Gestalt identisch zu sein, die Mrs. Swithenbank beinahe überfahren hätte.

9 Vern Robinson, »Ubiquitous Hitchhiker«, *Western Folklore*, 14, 3, Juli 1955, S. 215.

10 Jan Harold Brunvand, op. cit., S. 33.

11 »I Gave A Ghost A Lift, Says Pop Star«, siehe S. 2. Die Geschichte erschien außerdem in Paul Screetons »Tales of Phantom Hitchhikers« und in *The News* (Jetzt: *Fortean Times*) 10, S. 5. Das Zusammentreffen, das Maurice Goodenough erlebt hatte, wird in diesem Zusammenhang zitiert.

12 »Blueberry Hill« ist vermutlich der Ausrutscher eines Journalisten. Ein Bekannter von Studholme bestätigte mir erst unlängst, daß sich der Vorfall am Blue Bell Hill, und nicht am Blueberry Hill, ereignet hat.

Zu Kapitel 5:

1 »Night Ride Riddle of Hitch-Hike Ghost« von Anne Court, *Dunstable Gazette*, 18. Oktober 1979, S. 7. Es handelt sich um eine völlig freie Version von Roy Fultons Abenteuer. Die Dialoge sind frei erfunden. Erschienen ist diese Version in *The Worlds Greatest Ghosts* von Nigel Blundell und Denis Boar (Oktopus Books, 1983), S. 129–130.

2 Telephonat vom 9. Mai 1983.

3 Siehe S. 9 f.

Zu Kapitel 6:

1 Vergleiche das Kapitel über »Frühe Menschheit« von George Clinch in *The Victoria Country History of the County of Kent* (London: Archibald Constable and Company Ltd., 1908), Bd. II, S. 319.

2 *The Gazette* (ehemals die *Maidstone Gazette*, die seit 1970 unter einem neuen Namen aufgelegt wird), 16. Juli 1974. Vergleiche auch »Hunt for Phantom Schoolgirl Road Victim«.

3 »Hitch-Hiker Killed«, *Maidstone Gazette*, Dienstag, 13. August 1968, Titelseite.

4 »Have you Met the Ghostly Hitch-Hiker?«

5 Dieser und viele weitere nützliche Hinweise kamen aus der Informationsstelle des *Kent Messenger*. Der Name der Zeitung, in der er erschienen ist, fehlte, das Datum ist der 9. Dezember 1970.

6 »Girls Die in Wedding Eve Smash«, *Maidstone Gazette*, Dienstag, 23. November 1965, Titelseite. Eine andere Nachricht des *Kent Messenger* vom 29. November 1965 berichtet vom Tod der Braut. Beide Artikel stammen von Peter Rimmer. In einer

anderen Quelle steht, daß das Unfallopfer 24 Jahre und nicht 22 Jahre alt gewesen sei.

7 London: Robert Hale, 1978. Siehe S. 21–23.

8 Diese Ausschnitte stammen vom 19. und 26. Juli 1974.

9 Schriftlich fixierte Quellen dieses Berichts sind in *The news of the World* und *Sunday People* vom 14. Juli 1974; außerdem verschiedene Artikel aus dem *Kent Messenger* vom 15., 19., 26. Juli 1974.

10 Op. cit., 19. und 26. Juli 1974.

11 Einige Zeitungen sprachen von »Spürhunden«, doch ein Brief vom Polizeirevier in Kent erwähnt nur *einen* Suchhund (Brief an den Autor vom 19. Februar 1980).

12 *The Gazette*, 2. April 1974, Titelseite.

13 »What a story – if it's on the Level!« von Roy Plaskett, *Kent Messenger*, 26. September 1980. Er erwähnt zwei Männer aus Maidstone als Zeugen und meint, ein Journalist habe die Pflicht, solche Geschichten zu verfolgen, denn alles in allem sei die Wahrheit oftmals seltsamer als die Fiktion.

Zu Kapitel 7:

1 Beardsley und Hankey, *The Vanishing Hitchhiker*, op. cit., S. 305.

2 Ibd.

3 Siehe S. 27.

4 So erzählt von Mrs. Brown, außerdem erwähnt in Sam Richards Artikel »Ghostly Hitch-Hiker«, *Western Morning News*, 10. März 1972. Mrs. Brown erzählte mir in einem Brief vom 26. Januar 1980, daß sie die Geschichte bereits vor zwanzig Jahren zum ersten Mal gehört habe.

5 Siehe Anmerkung 2 zu Kapitel 1.

6 »›Motorcycle ghost‹ makes its presence felt.« *Middlesex News* (Framlingham, Mass., USA), 11. April 1980, S. 1

7 Meine beiden Quellen sind: »Girl-Ghost Hitches Ride« von Cynthia Hind, *Fate Magazine* (Juli 1979, S. 54–59), mit zwei Photographien und Landkarte; außerdem David Barritt, »The Phantom Hitch-Hiker«, *Scope* (Südafrika), 18. Juli 1980, S. 54–57, 59, mit Illustrationen. Ferner erschien eine Zusammenfassung des Falls von Uniondale in *The National Enquirer* (USA), 4. Juli 1978.

8 Lavater, op. cit. Erster Teil, Kapitel XIX, S. 96.

9 Ibd. S. 88.

10 Louis C. Jones, op. cit., S. 289ff.

11 Die Beschreibung des *Langsuyar* folgt der von Hasi Mothar, *Bin The Bomah and the Hantu* (Kuala Lumpur, Federal Publications, 1979, S. 8–9). Ursprünglich hielt man den *Langsuyar* (oder *Langsuir*) für den Geist einer schönen Frau, der Kindern das Blut aussagte (Walter William Skeat, *Malay Magic*, New York und London: Macmillan and Co., 1900, S. 325–327). Und wieder scheint der Tramper mit einem alten Motiv übereinzustimmen; außerdem schwächt er das Vampirelement ab – der Autofahrer behält sein Blut, verbringt aber einige Tage im Bett oder hat Fieber oder beides.

12 »The Devil and the Coachman«, aus *Ballads Old and New*, zusammengestellt und herausgegeben von S. H. Atkins (London: Hulton Educational Publications Ltd., 1968, S. 21–23). Es ist sicherlich zulässig, über die satirische Botschaft dieser »Erfahrung« zu spekulieren; wenn es sich bei der Ballade nicht um eine Satire auf ein damaliges zeitgenössisches Ereignis handelt, dann könnte sie immerhin die im 17. Jahrhundert üblichen »wahren Beziehungen« zu Geistern allgemein auf die Schippe nehmen.

13 G. N. M. Tyrrell, *Apparitions* (unter Aufsicht der Society for Psychical Research, Gerald Duckworth and Co. Ltd., veröffent-

licht. Vgl. neue durchgesehene Ausgabe von 1953, bes. S. 77–80.)

14 Aniela Jaffé, op. cit., S. 12.

15 Ibd.

16 Ibd.

17 Hilary Evans, »The unexplored Realm«, *The Unexplained* (Orbis partwork), Nr. 111, siehe S. 2212–2213.

18 Nandor Fodor, *The Haunted Mind: a Psychoanalyst Looks at the Supernatural* (New York, Helix Press, 1959), siehe S. 134–172. Edward Osborn, »The Woman in Brown«, *Jnl. Soc. for Psychical Research*, 35, 655 (November–Dezember 1949) S. 123– 153. Beide Fälle sind komplizierter, als es nach meiner Beschreibung den Anschein hat.

19 »The Phantom Hitchhiker«, *Fate Magazine*, August 1968, S. 90.

20 Dr. Samuel Hibbert, *Sketches of the Philospby of Apparitions, or, An Attempt to Trace such Illusions to their Physical Causes* (Edinburgh: Oliver and Boyd; London Geo. B. Whittaker, 2. erweiterte Auflage, 1825), S. 125.

21 Beardsley und Hankey, »The Vanishing Hitchhiker«, op. cit. Siehe Beispiel Nr. 8 (s. 320). Die Interpretation des Fußgängers aus den San-Bernardino-Bergen als Gefahrenbote paßt genau zu diesem Untertypus: siehe S. 86.

22 »The UFO that led us Home«, von Edmona Toews, *Fate Magazine* Juni *und* Juli 1977, S. 38–45, 63–69.

23 Lydia M. Fish, »Jesus on the Truway: The Vanishing Hitch-Hiker Strikes Again«, *Indiana Folklore IX, Nr. 1* (1976), S. 5–13.

24 *William A. Wilson, »The Vanishing Hitchhiker Among the Mormons«, Indiana Folklore III*, Nr. 1/2 (1975), S. 79–97. Das Grundmotiv wird außerdem in »Mormon Legends of the Three Nephites Collected at Indiana University« vom selben Autor untersucht. *Indiana Folklore II*, Nr. 1 (1969), siehe S. 24–27.

25 Siehe S. 54 f.

26 Das Geheimnis der »Frau des Jüngsten Tages« sowie Hugh Cavallis Bericht über den visionären Mann werden auch in Jacob Davidsons *Full Moon* behandelt (Bd. 1, Nr. 2, August, September 1980). Siehe auch: *Seattle Post-Intelligencer*, 23. September 1980 (»›Goddess‹ Warns of Eruption – Then Vanishes«) und *Indiana Star*, 10. Oktober 1980, S. 10 (»St. Helens Vibrations on Increase«).

27 Jaffé, op. cit., S. 12.

28 *Arkansas Gazette* (»Mystery of Vanishing Hitchhiker. Folklore Dating from 19th Century«), 28. Juli 1980.

Bibliographie

Beardsley, Richard K. und Rosalie Hankey:
The Vanishing Hitchhiker. In: California Folklore Quarterly 1/4, Oktober 1942, S. 303–335

Beardsley, Richard K. und Rosalie Hankey:
A History of the Vanishing Hitchhiker. In: California Folklore Quarterly 2/1, Januar 1943, S. 13–25

Brunvand, Jan Harold:
The Vanishing Hitchhiker. American Urban Legends and their Meanings. London 1983, insbesondere S. 30–45

Davidson, Jacob (Hrsg.):
The Phantom Hitch-Hiker. In: Full Moon: A Report from the Islands (Hawaii) 1/2, August/September 1980, S. 5–13

Fonda, Jesse:
I Met the Real Phantom Hitchhiker. In: Fate Magazine, Januar 1977, S. 55–57

George, Philip Brandt:
The Ghost of Cline Avenue: »La Llorona« in the Calumet Region. In: Indiana Folklore V/1 1972, S. 56–91

Jaffé, Aniela:
Apparitions and Precognition. A Study from the Viewpoint of C. G. Jung's Analytical Psychology. New York 1963

Jones, Louis C.:
Hitchhiking Ghosts in New York. In: California Folklore Quarterly 3/4, Oktober 1944, S. 284–292

Jones, Louis C.:
Ghostly Hitchhikers. In: Things that Go Bump in the Night. New York 1959

Lang, Andrew:
The Book of Dreams and Ghosts. London 1899

Luomala, Katherine:
Disintegration and Regeneration: the Hawaiian Phantom Hitchhiker Legend. In: Fabula 13, 1972, S. 20–59, und Full Moon 1/2, 1/3–4 etc. 1980/81

Siegel, R. K. und L. J. West (Hrsg.):
Hallucinations. Behaviour, Experience and Theory. New York, London 1975

Toews, Edmoana:
The UFOs that Led Us Home. In: Fate Magazine, Juni und Juli 1977, S. 38–45 und 63–69

Tyrell, G. N. M.:
Apparitions. London 1953

Wilson, William A.:
»The Vanishing Hitchhiker« among the Mormons. In: Indiana Folklore III: 1/2, 1975, S. 79–97

Knaur

Rainer Holbe

Foto: Paul Genson

(1534)

(1769)

(1770)

(3868)

Von Rainer Holbe sind außerdem bei Knaur erschienen:

Wir von Atlantis (2056)

Die Botschaft der Engel (2057)

Magie, Madonnen und Mirakel (3869)